道法自然 心向往之

我的八十八个春秋

赵履宽 著

中国人民大学出版社

·北京·

2008年秋，于中国人民大学校园

与杨勋在故乡出生的故居（云南大理喜洲）

1937年兄弟合影

大哥（坐者）22岁，二哥（站者）19岁，我7岁

1947年，在昆明天南中学

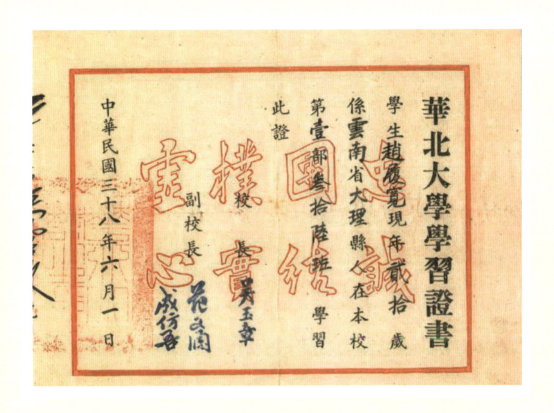

華北大學學習證書

學生趙履覺現年貳拾　歲

係雲南省大理縣人在本校

第壹部參拾陸班　學習

此證

第壹部　國統

中華民國三十八年六月一日

副校長　花之閣

校　長　吳玉章

成仿吾

华北大学学习证书

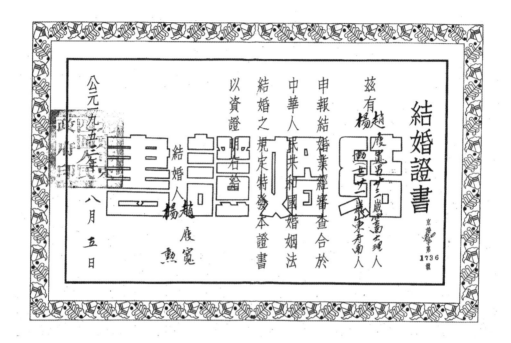

结婚证书

1953年夏，与杨勋合影

1956年担任讲师

对外学术交流，赴波兰做学术访问

对外学术交流，赴美参加学术活动

2000年家人合影

后排由左至右：杨小冬、赵萌、赵蔚、杨小杨

二子　　三子　　长子　　长孙女

前排由左至右：杨炳章、杨勋、赵履宽

杨勋之胞弟

爷爷与孙子

荣获人力资源管理教育终身成就奖纪念邮票

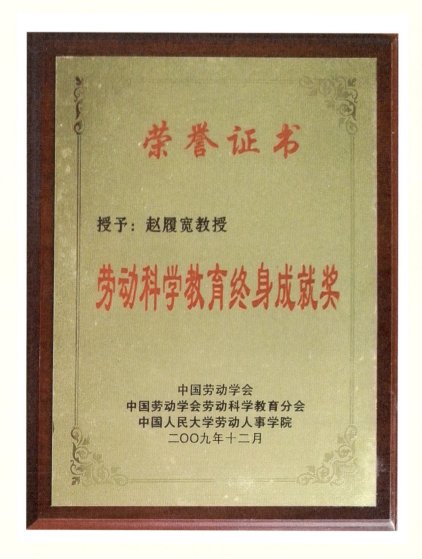

荣获劳动科学教育终身成就奖

与博士生合影

安享海南优异的自然环境

自　序

　　2017年，是中国人民大学建校80周年，也是我在人大任教65周年。借此由头，我将拙著《道法自然　心向往之——我的八十八个春秋》公开出版，以了却自己在耄耋之年的一个心愿。

　　八十八个春秋，对无止境的历史来说，只是一瞬间，但对我个人来说，却是一个充满了喜怒哀乐的漫长过程。这个过程，与抗日战争、解放战争、1950年代以来的历次政治运动以及1978年以来的改革开放等重大历史事件紧密相连，因而，把它记录下来，就具有一定的史料价值。作为微观个案，真实地写下自己的所见、所闻、所思、所行，也算是为社会和历史尽一点义务吧！

　　近40年来，我和人大劳动人事学院及其前身人大劳动经济研究室的同人，共同为劳动经济学、人力资源管理学、社会保障学、劳动关系学四门学科及其专业在中国的发展，做出了应有的贡献，受到国内外同行及社会有关方面的肯定。我个人也获得了相关的奖励，于2008年获得"人力资源管理教育终身成就奖"，2009年获得"劳动科学教育终身成就奖"。我获得这两个奖项，纯属机缘巧合，应视之为专业同人对我的鼓励。

　　我国有两个最突出的优势：第一，人力资源数量多质量高；第二，举世无双、从未间断、博大精深的中华传统文化。据此，这四门学科可在我国得到得天独厚的大发展，从而强有力地促进我国的繁荣昌盛。

　　撰写这本书，我对自己的首要要求，就是说真话。按照常理，说真话，应当是正人君子说话的道德底线，但在我国，竟成了较为稀缺的美德，这不能不令人深思。对此，必须从历史和现实两个方面加以探讨。

　　以古希腊为源头的西方文化，对真假问题的重视程度，超过对善恶问题的重视程度。与此不同，中华传统文化对善恶问题的重视程度，超过对真假问题的重视程度。不仅如此，中西方文化对善恶问题的传承和演变，也存在着明显的差异。欧洲在经历黑暗的中世纪之后，出现了以"人的发现"和"个性解放"为核心内容的"文艺复兴"，随后又出现了以"自由、平等、博爱"为核心内容的"思想启蒙"。中国却经历了不同于西方的走向。从秦始皇到清王朝，两千多年来，一直推行着超越任何宗教的君主专制。于是，集权专横、权力崇拜、官本位、名不副实和言行不一等恶习，就成了中国社会根深蒂固的病灶。这个病灶，1978 年之后才有所缓解，但任重道远，为彻底根除这个病灶，还须长期奋斗。

　　一个 88 岁的老人，日益接近"天年"，难免常思"生死问题"。老子说："死而不亡者寿。"这就是说，死后仍被人肯定和怀念，才称得上"寿"。按照日历年龄和生理年龄，我已属高寿，但是远未达到老子所说的"寿"。孔子说："未知生，焉知死？"这就是说，应多关注"生"的价值，少揣测"死"的神秘。《易经》有云："大德曰生"。的确，人生的大德，就在于不断地提高生命的价值，使之发扬光大。

　　中国人民大学是我谋生和乐生之所，也将是我人生旅程的终点站。此时此刻，回顾以往的所作所为，无非是尽一介书生的本分而已！

　　最后，我希望这本小书能引起老年朋友的共鸣，也希望能引起青年朋友的兴趣。

赵履宽

2017 年 10 月于海口

目　录

第二部分　文章自选

附录一　学界及友人评说

附录二　汉字楷书——借古论今

附录三　赵履宽主要著作目录

第一部分

耄耋自述

一、故乡

　　云南省大理白族自治州大理市喜洲镇，是我的故乡，我是白族人。随着阅历的增长，我越来越为自己的故乡和民族而自豪。1982 年，国务院公布了第一批 24 个"历史文化名城"，大理名列其中。大理白族，从古至今，人才辈出。大理白族赵氏，在文化领域有突出的贡献。早在南诏国（唐朝时期），清平官（相当于宰相）赵叔达的诗文，就被收入《全唐诗》。在南诏国终结与大理国（宋朝时期）兴起之间，大理存在过三个短暂的王国，其中有赵善政为皇帝的大天兴国。明、清时期，大理赵氏出了赵汝濂、赵炳龙、赵淳、赵廷枢等著名文人。清末民国前期的赵藩（1851—1927）为成都武侯祠写的名联，享誉海内外。联曰："能攻心，则反侧自消，自古知兵非好战；不审势，即宽严皆误，后来治蜀要深思。"毛泽东曾对此对联大加赞赏。

　　近代以来，大理白族又涌现出众多先进人物。张伯简是中共最早的党员之一，他在法国与周恩来、赵世炎一起，创建"旅欧中国少年共产党"，后英年早逝。杨杰是著名的军事家、国民党左派，曾任陆军大学教务长和驻苏大使，1949 年在香港被暗杀。周保中是东北抗日联军主要领导人，在东北坚持 14 年抗日斗争，老百姓中曾流传"关内毛泽东、关外周保中"的美誉。全国解放后，周保中任云南省政府党组书记，1964 年病逝。施晃就学于清华大学，赴美留学时加入美国共产党，担任美共中国局首任书记，回国后于 1934 年牺牲。

大理市喜洲镇位于雄奇的苍山与明媚的洱海之间，自然风景极佳，四季如春。喜洲是历史悠久的千年古镇。779年，南诏国建都喜洲。937年，喜洲人段思平创建大理国，喜洲成为大理国的行宫。上世纪40年代，大作家老舍在游历喜洲之后，发出喜洲真"是个奇迹"的赞叹。1978年改革开放以来，喜洲一年四季吸引着成千上万的中外游客。好客的白族人民以"三道茶"（苦茶、甜茶、回味茶）款待游客，借此传播白族人的人生哲理。

一部反映白族人民生活的电影《五朵金花》，不仅使国人爱上大理喜洲绝佳的自然风光，而且使这部电影的主题曲《蝴蝶泉边》成为国人百唱不厌的歌曲。这首名曲的演唱者赵履珠正是我的妹妹（同一祖父），我为此感到自豪。

二、亲情

亲情是人类最基础的感情。孔子曰："己所不欲，勿施于人。"这一伟大思想正是以"亲亲"为根基的。父母、子女，是亲情的核心关系，在此基础上，推己及人，由近及远，层层外推，直至亲情之外的友情，最终止于至善，即与人为善。这是一串多么美好的生命之链啊！可惜，中华传统文化的这种深刻理念，在极左路线盛行时期遭到很大破坏，直到改革开放之后才得以逐渐恢复。

我生于1930年1月3日（农历1929年腊月初四）。我有七位至亲：父亲、母亲、三位姐姐和两位哥哥。我排行最小，受到全家人的特殊关爱。因此，他们留给我的回忆，几乎都是真的、善的、美的。我认为，这是我一生中最大的幸运。下面，就是七位至亲留给我的最难忘的回忆。

父亲赵荫桥，生于清朝末年，仙逝于 1934 年。我 4 岁丧父，因而只留下一些有关父亲的模糊记忆。父亲青少年时，家境较好，尔后逐渐衰落。父亲接受过扎实的私塾教育，具有传统文化的基本素养。父亲还是本镇古乐团的吹箫手，也是乐团组织者之一。凡有乐团演奏活动，他都带我同去，让我在一旁静听。这也许就是父亲对我进行的音乐启蒙。这种幼年启蒙，有着奇妙的功效，它令我终生酷爱丝竹音乐。

上世纪 80 年代中期，我赴云南丽江旅游，并受邀欣赏宣科先生主持的"纳西古乐"。乐团开始演奏两三分钟之后，我猛然产生一种与亲密朋友重逢的美感。此时此刻，我感受到的音乐，与当年父亲参与演奏的音乐是多么相似啊！这种音乐，令人忘却尘世的烦恼，令心灵净化。随后，我得知，"纳西古乐"在当地被称为"洞经音乐"。真是巧合，父亲当年参与的乐团也被称为"洞经乐团"。我还得知，丽江地区长期流行着这样的传说："藏族、白族和纳西族是三兄弟。" 4 岁丧父的我，从父亲那里获得的最大教益，可能就是对中国古典丝竹乐的喜爱。

母亲张永龄，生于清朝末年，仙逝于 1966 年。母亲是不识字的缠足妇女，但她给予我的，除了物质生命，更值得珍惜的是精神财富。母亲用自己的言行，潜移默化地培育我的恻隐之心，使我不知不觉地形成悲天悯人之情。记得，我们经常吃到母亲为照顾生活困苦的小贩而买回来的残次水果，还经常看到她把食物施舍给乞丐，特别是有残疾的乞丐。"木当子"（白族语，同情受苦受难者的感叹词）一词，经常挂在母亲的嘴边。母亲信奉白族的"本主教"，同时也拜奉佛祖和菩萨。她是喜洲镇公认的善人，口碑极佳。履谦姐告诉我，母亲仙逝那一天，上午为孙儿孙女做饭，下午坐在椅子上，自然地、永远地闭上了双眼，实现了真正的善终。

　　大姐赵履聪，是六个兄弟姐妹中的最年长者。她有着特殊的人生经历：为帮助娘家度过穷苦时光，她 18 岁守寡，未再出嫁。1958 年以后，她来北京帮助我和履谦姐，先后照料我的三个儿子（赵蔚、杨小冬、赵萌）和履谦姐的两个儿子（杨平、杨建）。总之，大姐为我们全家做出了巨大贡献。不幸的是，大姐 80 岁高龄时，在北京大马路上被一个骑飞车的小伙子从身后撞成髋骨骨折。大姐本着"报怨以德"的精神，只让肇事方承担为数不多的医疗手术费。此后，大姐只能依靠双拐和轮椅行动，情绪苦闷，思乡心切。恰巧，我的外甥严志行十分愿意在喜洲伺候自己敬爱的大姨妈。这样，大姐回到了故乡，体质和心情都有所改善。2003 年，大姐以 94 岁高龄仙逝。此前，我专程回喜洲为她举办 90 大寿，她非常高兴地接受了近百位亲友的祝贺。有一位老人席间慷慨陈词，说自己第一次目睹了弟弟不远数千里回乡为姐姐祝寿的义举。面对他人的恭维，我的内心却深感愧疚——弟妹们远未报答大姐的恩惠。

　　半个多世纪以来，我经常看到和听到"全心全意为人民服务"的口号，但言者多多，行者寥寥。大姐虽不言此类口号，却真正做到了"全心全意"为父、母、弟、妹服务，堪称"家庭共产主义者"。中华传统文化十分重视"家"，并强调"家离不开国""国离不开家"，二者合而为一，构成"国家"。的确，一个全心全意为"家"服务的人，必有益于"国"，此所谓"家和万事兴"也。

　　二姐赵履仪，在六个兄弟姐妹中排行第二，她与大姐一样，也是缠足文盲。由于家境贫寒，二姐嫁到严姓富家以后，实际上处于半童养媳状态，吃苦受累、挨打受骂是家常便饭。父亲忍无可忍，多次奔赴严家理论，为女儿打抱不平，终因实力悬殊而无可奈何。直到二姐生了第一个儿了之后，情况才有所改善。二姐有三子二女，他们是严志行、严志通和严志兰。二姐是十分虔诚的佛教徒，全年坚持素食。她的长子严志行（全国解放后成为政府机构的小干部）每月省吃俭用，寄给她生活费，却被她捐献，用于佛事。对此，志行很不甘心，甚至心疼，却无可奈何。无巧不成书，佛教的"因果报应"，在二姐身上应验了。二姐仙逝之后，自发地为她送葬的教友和非教友，形成一条数百人的长龙。这一突如其来的"事件"，震惊了本地的官员，幸而没有出什么乱子。这一"事件"在当地传为佳话。我是无神论者，但我十分尊重宗教，因为它有利于社会的安定和人们的行为自律。

三姐赵履谦，比我大两岁，她的人生经历，与我有类似之处。她也是依靠大哥的关爱和资助，完成了中学和大学的学业。云南省和平解放前夕，三姐出于朴素的正义感，加入了中共地下外围组织——民主青年同盟（据此获得了"离休老干部"的政治、经济待遇）。1951年，履谦姐被保送到中国人民大学研究生班进修，随后，长期任教于中央民族学院，讲授"中共党史"。履谦姐为人真诚、乐于助人，在师生员工中的口碑极佳。

谁能料到，这样一个近于与世无争的好人，竟在"文革"中遭了大难。"文革"期间，北京各高校没有"政治问题"的人，都难以避免地归队于"天派"（以北京航空学院为首）或"地派"（以北京地质学院为首）。履谦姐是"地派"中无足轻重的一个挂名成员。有一天，中央民族学院"天派"的几个成员追打"地派"的一个女生，履谦姐路见不平，大声喊叫："你们不要打她！"打人者怒气冲冲地转身对履谦姐喊叫："不打她，就打你！"接着，一个穿大皮鞋的壮汉，一脚踢在履谦姐的尾椎骨上，造成骨断裂，以致几十年来，她的尾骨部位经常隐隐作痛。在履谦姐"米"寿之际，我赠与书写"仁者寿智者福"的条幅，以体现她的人生历程。

大哥赵履温，比我大15岁，对幼年丧父的我来说，他确实充当了"长兄为父"的角色。大哥为了帮助家人减轻穷困的压力，在12岁的小小年纪就背井离乡，外出打工。他聪明、好学、勤奋，很快就得到老板的赏识，16岁被派往上海鸿兴源分号（总号在昆明），担任"小先生"。

当时，上海的繁荣程度远远超过香港及内地其他大城市。大哥充分利用上海的特殊优势，刻苦学习有关的知识和技能，才能大为提高，被破格提升为"大先生"。1937年"八一三"抗战前夕，他奉命撤回云南工作。大哥不仅好学敬业，而且热心故乡的公益事业。他在上海主编的《新喜洲》（内部出版），为建设家乡出谋划策，深受同乡人赞赏。

大哥对父母及兄弟姐妹，有着很强的责任感。当他的经济条件有所改善时，就把我从故乡接到昆明读高小，随后又供我在昆明完成初中和高中学业，1948年还支持我赴北平上大学。大哥对我一生的成长，有着十分重要的意义，我对他永怀感恩之情。

关于大哥，有一件事，令我长期为他愤愤不平。云南和平解放之后，大哥在隶属省公安厅的昆明市北京饭店担任会计。"文革"前夕，他突然被"拘留审查"。不久，家属得到通知：大哥"畏罪自杀"。大哥见多识广、性格开朗、责任心强、好打抱不平，决不会自寻短见。他的真实死因在于写了一封告状信，为一位受迫害的本店同事讨公道，并对来本店多吃多占的特权者不满。这封告状信，为他招来报复，使他在看守所遇难。

大哥死于不白之冤，所幸，他留下了5个儿子（赵祖猷、赵祖培、赵蓉、赵昆、赵云）和2个女儿（赵珊、赵玲）。这7个兄弟姐妹因为他们的父亲而在社会上遭受了不公平的待遇，但他们坚持自强不息的精神，与命运抗争，而今终于过上"小康"生活。

在大哥的7个子女中，祖培的坎坷经历值得一提。祖培于1957年来北京读高中，从1960年起，一直在中央民族学院附属中学任教。他一边教数学课，一边做班主任，卓有成效地完成了自己的任务，并当之无愧地被评定为"高级教师"。这样一个无权无势、无党无派、身体残疾（一条腿不能弯曲）的人，也逃不脱"文革"的灾难。无法无天的红卫兵逼迫祖培负重游街，执意施行体罚和侮辱。当人们看到游街队伍中竟有一个行走艰难的残疾人，都为之唏嘘不已。

二哥赵履恭，与大哥一样，也是12岁的小小年纪就背井离乡，外出打工。二哥为人忠厚随和，办事讲求实效，加之大哥经常从上海给他输送新鲜的信息和有价值的商情，使他受到老板的器重，17 岁就被提升为腾冲人开的万胜昌下关分号的掌柜。

记得我 9 岁时，和几个小伙伴一起逃学，步行 70 华里，从喜洲走到下关二哥的住处。那几个小伙伴，很快就被他们的家长打骂并带回喜洲。二哥不但没有责骂我，反而给我买了一套新衣裤，以替换我身上穿的破衣烂衫。

1955 年，我作为中国人民大学的教师，奉命赴重庆招生，完成任务后，顺便回云南探亲。记得我抵达下关长途汽车站时，一眼就看到二哥和赵兴、赵泰二侄在那里等待我的到来。下关两日，共叙亲情，离别之时，难舍难分。想不到，此次别离，竟成永别。二哥因胃溃疡于 1960 年仙逝，年仅 42 岁。此后，大哥当仁不让地为二哥遗下的侄辈的前程而操劳不息，直到自己生命的终点。赵泰等侄儿每谈及此事，都对大伯父感佩有加。

90 年代初期，我再次回云南探亲，在下关二嫂的卧室里，看到一幅感人的景象：二哥英俊而慈祥的遗像，端放在二嫂枕边的小桌上，两旁点着红色的电烛灯。我顿时对二嫂产生肃然起敬之感。

二哥英年早逝，所幸，他也留下了 5 个儿子（赵兴、赵泰、赵强、赵明、赵璧）和 1 个女儿（赵琴）。他们 6 人虽无显赫成就，却都以诚信待人处事，过着普通人的生活。这里，有必要提一下赵泰的经历。在"文革"十年动乱期间，身为企业领导的赵泰，竭力避开两派争斗，坚守本职岗位，为本单位员工的生计（工资、福利）奔忙不息，从而受到员工的保护。我确信，赵泰的这种思想和行为，与我大哥、二哥对他的影响是分不开的。

以上，就是我对 7 位至亲的回忆。在逐字逐句书写这些回忆的过程中，我多次流下了眼泪，同时也净化了自己的心灵。

三、政治意识启蒙

1939 年春，武昌华中大学（现改名为华中师范大学）迫于武汉被日军侵占，迁至喜洲镇继续办学。于是，喜洲镇突如其来地出现了与当地人很不一样的人群。华中大学师生高雅的谈吐和风度，很快就博得了当地民众的喜爱。喜洲镇德高望重的头面人物和行政当局，迅速将大慈寺等公共场所交给华中大学，做教室和办公之用，广大师生还可按很低的价格分散租住当地居民的私房。总之，好客好奇的喜洲百姓，以极高的热情迎接这些充满抗日救亡激情的同胞。在抗战期间，华中大学师生与喜洲人民融洽相处，交流情感，形成良好的互动关系，直到 1946 年 4 月 17 日才依依不舍地迁回武昌。

华中大学迁来喜洲，对于当时我们这些少年儿童来说，真是从天而降的幸事。我从 7 岁到 10 岁这段时间，几乎每天都呼吸着华中大学带来的清新空气，吮吸着它给予的营养。记得我平生学会唱的第一首歌，就是华中大学学生在街头教唱的抗日歌曲："打倒日本，打倒日本，除汉奸，除汉奸……"大学生们一边教唱歌，一边讲解抗日救亡的道理。记得，华大师生在大街小巷书写标语："有力出力，有钱出钱""驱逐日寇，还我河山""不做亡国奴"。从此，我知道，日本人侵占了我们的国土，杀害我们的同胞，侮辱我们的妇女，掠夺我国的财产，干了许多坏事，我们必须把日本鬼子赶出中国去。这样火热的思想言论，是多么激动人心啊！

亚里士多德说："人是天生的政治动物。"人和政治两个概念，都有不少的定义。但是，对于一个少年来说，开始懂得维护自己、亲属和国人的生存权，这就意味着政治意识的启蒙。反侵略，爱祖国，反压迫，争自由，就是我在 7～10 岁这个阶段所获得的政治意识启蒙，这对我的一生，有着深远的影响。

四、日机轰炸下的高小阶段

1940 年初，大哥为支援抗战，为全家每个人买了一份中央储蓄会发行的彩票。结果，"天上掉馅饼"，正巧落在大姐头上——她中了头等奖，获得一笔奖金。这样，大哥的经济状况明显改善，就决定把我从故乡接到省会昆明念高小。当时的昆明，经常跑警报（预行、空袭、紧急三个等级）。日本零式飞机的飞行员十分嚣张，欺我防空力量薄弱，不仅低空轰炸，而且低空扫射。我多次目睹日机施虐之后留下的惨景：倒塌的房屋、暴露街头的尸体以及痛不欲生的哭诉者。这些惨不忍睹的场面，成了我终生难忘的记忆。

为了躲避轰炸，大哥把我转移到离昆明市区数十里的呈贡县桃园新村恩光小学上学，那里居住着我的一位中年表姐。我在她家吃住，大哥每月为我支付给她生活费。恩光小学的学生，大部分是西南联合大学（由北大、清华、南开三校联合组成）教职员的子女。记得，联大著名教授潘光旦先生经常来我校看望他的女儿（我的同班同学潘乃穆），每当我看到潘教授撑着双拐、艰难行走的情景，就不由自主地产生敬佩之感。想不到，二十多年后，这位德高望重的潘教授在"文革"中活活地累死在中央民族学院"牛鬼蛇神"的劳改场地。

从 1942 年起，日本飞行员的嚣张气焰收敛了。美国陈纳德将军率领的"飞虎队"（后改名为美国第 14 航空队）来华助战，在昆明上空多次与日机激战。每当空战时，我们这些小学生，不顾危险，兴高采烈地观看日机被击伤、击落的狼狈景象，真是大快人心。"飞虎队"飞行员狠狠地教训了日本人，为我们报了仇。多年后，我在一篇有关第二次世界大战的文章中获知这样一件事：斯大林在美英苏三巨头会议上对丘吉尔说，你我二人只是在被德国攻击的情况下应战，罗斯福却是在未受德国攻击的情况下助战，可见，罗斯福比你我二人更值得被尊敬。

几年前，我在电视里看到幸存的"飞虎队"飞行员来华，参加抗战胜利庆典的画面，又勾起少年时在昆明观看空战的鲜活记忆，不由心潮起伏。

五、抗战与民主气氛中的中学阶段

我的初中阶段，1942 年至 1945 年 8 月 15 日，是在抗战的大气氛中度过的。我亲眼看到西南联大教授的太太因家庭经济困难而摆地摊卖旧物，还看到从沦陷区徒步到云南的流亡学生以及老百姓在抗战中承受的种种艰难困苦。当时，我们这些初中生追求的最高理想，就是长大成人之后当一名空军飞行员，直奔蓝天杀敌。当然，这种向往与飞行员的英雄形象有关，还与昆明遭受日机轰炸的悲情有关。抗战初期，由于力量对比悬殊，绝大多数中国空军飞行员壮烈牺牲，我们永远尊敬和感激这些烈士。

1945 年 8 月 15 日，抗战终于以日本无条件投降而结束。人们欢呼雀跃，鞭炮声、锣鼓声通宵不断，不少人流下了悲喜交加的热泪。昆明等地出现了一副令人欢快的对联，上联是"中美英苏四大强"，下联是"广岛长崎两个弹"，横批是"抗战胜利"。中外学者估计，抗战期间，中国军民死伤 3500 万人，财产损失按 1937 年币值为 6000 亿美元。其实，这两个数字，远远不能反映日本侵略者给中国人民带来的深重灾难。上世纪 70 年代初期，日本首相来华商谈恢复邦交事宜，他原来打算在战败赔款问题上讨价还价，期待中方降低要求。事态的变化，使田中首相喜出望外，因为中方决定放弃索赔的权利。相比之下，日本却从中国掠得巨额战争赔款，从甲午战争掠得 2.3 亿两白银，作为八国联军的成员，又从中国掠得 7000 多万两白银。这些白银，大大加强了日本以军事力量为主的综合实力，而中国人民为此吃尽苦头。

抗战胜利带来的举国欢腾局面，很快就消退了。国民党接收大员的假公肥私，物价的全面疯涨，使久旱盼甘露的老百姓大失所望，人民又陷入了水深火热之中。此时，昆明以其特殊的历史背景——诸如西南联合大学民主传统的巨大影响力，以龙云主席为核心的云南省地方政权与民主人士之间的某种统一战线等——逐渐成为国民党统治区"民主运动的摇篮"。

蒋介石当然不会容许昆明的这种民主化势头，于是，开展了一连串的镇压活动。1945 年 10 月，蒋介石命令杜聿明将军攻占昆明五华山的省政府，软禁龙云。12 月 1 日，国民党特务杀害 3 名学生、1 名中学教师，引发"一二·一"学生运动。1946 年 7 月 12 日，特务杀害著名的"七君子"之一李公朴先生。7 月 15 日，民主旗手闻一多教授在追悼李公朴先生的大会上怒斥国民党的专制统治，会后，闻先生中弹身亡。此后，"反专制，争民主"、"反饥饿，反内战"、"反对通货膨胀"、"反对美军暴行"（美国士兵在北平东单广场强暴北京大学女生）等民主运动，一浪高过一浪。

我积极地投入了这些民主运动。1946 年夏，我当选为昆明市天南中学学生自治会主席，历时一年。

六、赴北平奔向光明

　　北平，作为清朝末年以来反帝、反封、爱国、民主运动的圣地，对我有着很强的吸引力。大哥支持我赴北平求学和发展，为我准备了三枚小额的金戒指，以便在物价疯涨的恶劣环境下维持生活。当时的物价，每天每小时都在上涨，纸币已形同废纸。

　　1948 年 8 月 6 日，我抵达北平，当时只有朝阳学院、中国大学和华北文法学院三所学校进行第二轮招生。这三所学校，都录取了我。经过比较，我选择了华北文法学院，因为它开设有文学哲学系。我无意于仕途，淡于商贾，而喜爱哲理思辨。入学不久，我就与同宿舍（容纳 20 多人的大宿舍）的傅青同学（中共地下党员）成为好朋友，他经常拿中共地下出版的书刊文件供我阅读。在"山雨欲来风满楼"的北平，我们两人都急切地盼望着改天换地的大变动。

　　1949 年 1 月下旬，解放军先遣部队进入北平。当时中共培养干部的一所新型大学——华北大学（它的前身是 1937 年创建的陕北公学及 40 年代迁至华北并改名的华北联合大学和北方大学）在北平招生，我迫不及待地报考了这所学校。我既是第一个报名者，也是录取榜上排名第一者。我进入华大，就意味着成为革命队伍中的一员。

　　我们这些新学员很快就被送回河北省正定县华北大学原校址，接受三个月高强度的培训。我们的教材，是毛主席的主要著作《新民主主义论》《论联合政府》《目前形势和我们的任务》等。学习期间，我们还经常聆听有关中共党史和革命烈士的大报告，更重要的，是联系自己的思想和经历，进行批评和自我批评，主要是自我批评。培训伊始，我就被指派为1区队（1938年入党的"女将"徐伟立任区队长）32队（刘佩铉任队长、张冀任副队长）的学习班长，熊映梧（改革开放后任黑龙江大学副校长）被指派为生活班长。

三个月的时间不长，但培训效果显著，基本上解决了立场问题，使学员们树立了三条信念：第一，中国共产党是最伟大最正确的政党；第二，世界上最伟大的领袖，是马、恩、列、斯、毛（当时学员中有一狂妄自大者自称"老子天下第六"）；第三，个人必须无条件服从组织（党和政府）。毕业分配的时刻终于到了，熊映梧、张继仁和我留校，被任命为副队长，这可能是当时毕业生分配中最受重视的岗位，因为正副队长承担着培训上百名青年的艰巨任务。我从被培训者一跃而成为培训他人者，这是政治大转折时期特有的现象。

当时，华北大学继续在北平、天津两地招收新学员，我被派到华北大学天津分校。我们这些华北大学的毕业生，绝大多数都南下，投入新解放区的对敌斗争和政权建设，其中不少人已成为烈士。我现在活到80多岁，深感有愧于那些已成了烈士的老同学。

七、在华北大学天津分校的奇遇

1949年6月至9月，我从正定到天津，担任华北大学天津分校11区队92队副队长。当时的天津，还不时遭到国民党飞机的骚扰。在天津工作期间，我结识了两位奇人——芦荻、孟氧，并在此后的岁月中，与他们建立了纯真的友谊。

芦荻，与我同龄，也是 92 队副队长，我们两人在于建队长的领导下，经过三个月紧张的工作，共同完成了培训一百多名青年的任务。此后，我们两人被分配到不同的岗位，很少来往。50 年代初期，她作为志愿军成员参加了抗美援朝。

芦荻再次引起我的注意，是在 1978 年中国人民大学复校之后。当时，她作为人大中文系的教师，讲授"中国古诗词"课程。她讲课时，全身心投入，达到忘我的境界，效果极佳，誉满校园。作为老战友，我们之间的交往又频繁起来。我从她那里获得不少有价值的信息，包括她本人极特殊的经历。1975 年，芦荻被派到毛主席身边，为老人家提供有关古典文学的咨询。她谦虚地把这项任务称为"侍读"。她如履薄冰、谨慎小心地做这项工作，最后圆满地完成了任务。此前，有关方面曾经从北大中文系派去两位教师，都因完不成任务而被退回原单位。由此可以看出，芦荻对古诗词有着高深的造诣。据我所知，她主要是靠自学而成才，这既归因于她的勤奋，也归因于她的超高悟性。

芦荻深受中华传统文化的熏陶，富有恻隐之心，而且将这种情怀延伸至小动物。她经常收养被人遗弃的小猫小狗，并为此遭受种种责难。但她不为所动，继续做下去，终于得到人们的理解。芦荻曾是中国小动物保护协会会长，2015 年去世。

孟氧，堪称悲剧性英雄。解放前，思想进步、富有正义感的孟氧，自发地在工人聚居区为工人补习文化。天津刚解放，他就迫不及待地投奔革命，进入我正在那里工作的华北大学天津分校，毕业后留校工作，随后转到中国人民大学经济系任教。在上世纪 50 年代前期，孟氧成就了一件大事——撰写了《〈资本论〉历史典据注释》，为《资本论》的读者排除了许多拦路虎。在撰写此书的过程中，他呕心沥血，查阅古今中外的资料，有时为了弄清一个问题，不惜惊动郭沫若等学界大人物。

不料，这样一个无权无势、每天以书为伴的书呆子，竟因言获罪，被打成"右派分子"。从此,他被派到资料室打杂。厄运并未到此为止,"文革"初期,被划在"革命群众"之外的几个"右派分子",同病相怜,经常在一起聚会聊天。于是,孟氧等几个"右派分子"被打成"现行反革命集团"。孟氧据理申辩,结果罪加三等,被正式逮捕,判处死刑。北京市政法部门不知出于什么考虑,将孟氧押送山西省,交由山西有关部门执行死刑。当山西有关部门在行刑前夕通告孟氧时,他立即反问:"请你们深思一下,北京方面为什么要借刀杀人,借你们的手来杀我?"这句意味深长的问话,令山西方面把孟氧的死刑拖延下来,只将他投入监狱。在入狱初期,孟氧遭受同室犯人的欺凌,甚至遭受打骂。但不久以后,他凭自己的言谈举止博得狱友的同情和尊敬,最后竟成为他们的精神领袖。

古人云:"否极泰来。""四人帮"被粉碎后,孟氧的妻子(曾经是他的学生)给平反冤狱的"胡青天"(人们对胡耀邦的爱称)写了一封申诉信。几天之后,山西有关方面接到中央的电话:"有个叫孟氧的,是不是在你们那里?"中央的一句问话,使孟氧立即获释并回到本单位,继续从事《资本论》的教学科研工作。

孟氧在向我叙述自己从死刑犯到无罪释放这段经历的时候,是那么平静自然,好像在讲述别人的故事。我的好友孟氧于十多年前永别了这个对他如此不公的世界,但是,他永远活在我的心里。

八、开国大典的书生标兵

1949 年 9 月,华北大学完成了在平津两地的培训任务。我们这批队长、副队长（文化程度都比较高）集中到北平东四铁狮子胡同 1 号学习俄语，以贯彻"一边倒"、向"老大哥"学习的方针。

在"俄文大队"学习不久，一项神圣的任务，历史地落到了我们这批年轻干部（都是党员和团员）的肩上——担任 1949 年 10 月 1 日开国大典的非武装标兵。当时，我们这批来自老解放区（河北正定县）的干部，堪称共产党和新政权最可靠的革命群体。

10 月 1 日上午七点，我们徒步走到天安门。我被指定守在离天安门城楼很近的一个位置，任务是维护周围的安全。从我站立的位置，可以看到城楼检阅台第一排的党政领导人。

下午两点半，毛主席等领导人出现在城楼，顿时，整个天安门广场欢声雷动。下午三点，林伯渠秘书长宣布典礼开始。在《义勇军进行曲》和礼炮声中，五星红旗冉冉升起。随后，毛主席向全世界宣告："中华人民共和国中央人民政府今天成立了！"接下来，朱德总司令检阅中国人民解放军受阅部队。部队以正方形编队走在最前面，随后是民兵方队、钢铁工人方队、纺织女工方队。学生方队打着锣鼓，边走边舞。最后是由男女老幼组成的最大的游行队伍，边走边高呼着"毛主席万岁""共产党万岁"。此时，毛主席不断地高呼"人民万岁"，领袖与群众队伍相呼应，情景十分感人。"人民万岁"，是开国大典的最强音，它长久地萦绕在我的耳边。

记得，当华北大学的队伍走过天安门时，毛主席高呼："华北大学的同志们万岁！"可见当时华北大学的特殊地位。

自新中国成立以来，我在天安门广场参加过许多次大规模的纪念会、典礼、游行，但没有再听到"人民万岁"的呼声，这不能不说是一大遗憾。

九、亲历中国人民大学的建校典礼

在正式举行中国人民大学建校典礼之前，华北大学教职工中流传着一个小道消息：华北大学将与北京大学合并，以燕园为校址。当时，这两所大学堪称中国高校的"两巨头"，一所是共产党直接创办的、以延安陕北公学为根基的新型大学，另一所是以清末光绪皇帝钦定的京师大学堂为根基的资格最老的大学。这条无风不起浪的小道消息没有成为事实，因为谁也吞不下谁。除了这个原因，我还注意到另外一个原因。当时，华北大学的某些领导人公开表态："我们是红色的，而北京大学最多只是粉色的，如果合并，就浅化了我们的色彩。"我认为，这两校合并，未必妥当，但用"颜色"反对合并，就显得幼稚可笑了。

1950 年冬，新建立的中国人民大学首次招生。我有幸担任东北三省招生组成员。当时，人大只招收被党组织选送的干部，不招收应届高中毕业生。招生组根据以下三个方面的考核，有权独立决定是否录取：第一，以考生的历史档案为主要依据判断其政治条件；第二，通过笔试（语文、政治、数学）判断考生的文化水平；第三，通过面试验证考生的真实状况。当时这样做，效果不错。

半个多世纪以来的历史表明，党中央以华北大学为基础建立中国人民大学的决策，是完全正确的。

1950 年 10 月 3 日，规格很高的中国人民大学建校典礼隆重举行。刘少奇、朱德等党政领导人出席了典礼，刘少奇做了讲演。他说："中国将来的许多大学都要学习我们中国人民大学的经验，按照中国人民大学的样子来办"。当时，满怀期望的教职员工唯一的遗憾，就是毛主席没有出席这个盛典。

中国人民大学从建立之日起，就具有特殊的重要地位。1958 年以前，人大从国家获得的教育科研经费，在全国高校中位居第一，此后，地位逐渐下移，以致在"文革"中被解散。所幸，1978 年改革开放以来，人大又逐步成长为在人文社会科学领域拥有强大优势的教学科研基地。她开设的一些专业和学科，在全国高校中名列前茅。今天，我为自己作为人民大学既辉煌又坎坷的 60 多年历程的见证人而感到自豪。

十、人民大学建校初期的苏式教学

人民大学建校前夕，刘少奇赴莫斯科，请求斯大林派遣专家来华任教。于是，先后有 98 位苏联专家带着苏联的教学资料和教学制度来到人民大学工作。校领导向全体教师宣布：全心全意向苏联专家学习，教学领域的事，听从苏联专家的意见。记得，极个别中国教师在学术观点上与苏联专家发生分歧，结果只能是中国教师成为"吃黄连的哑巴"。

什么是苏式教学？苏联专家用俄语给中国教师讲课（实际上是宣读讲稿），译员即席翻译（他事先阅读过讲稿），中国教师埋头记录下来，再经过若干天"消化"，就登台给学生上课。人们将这种做法戏称为"现炒现卖"。

以我为例：从 1952 年 9 月起，我这个缺乏经济学素养的人，开始登台讲课，却并不感到困难，因为苏联专家讲的东西，不仅肤浅，而且充满了个人崇拜和权力垄断的色彩。"列宁的预见""斯大林的教导""联共中央和部长会议制定的计划具有法律效力""贯彻联共中央的决定具有深远的历史意义和伟大的现实意义"等，是苏联专家讲稿中出现得最多的语句，这在一定程度上减轻了中国教师记笔记的负担。所幸，这种"全盘苏化"的做法，1956 年之后就逐渐减弱了。

在我们合作社系，有一位名叫华西列夫的苏联专家，他只讲一门课："农产品采购"。在我的印象中，华西列夫授课完全是念稿子，学问似乎不大，但他在卫国战争中当过坦克手，立有军功，值得尊敬。

人民大学的苏联专家是在反右派斗争之前撤走的。对于我们这些普通教师而言，他们是静悄悄地从校园中消失的。我不记得有什么欢送会召开过。

十一、加入中国共产党

从二战结束到 1950 年代前期，左翼思潮兴盛，右翼思潮衰落。"有良知的知识分子应当加入共产党"，这是当时中国许多知识分子的共识。我在昆明读高中时，就对共产党有好感。1949 年 3 月，我作为中国革命青年联盟的成员，已在华北大学申请加入共产党。我当时对党的真诚，绝不亚于宗教徒对其信仰的虔诚。

我入党的主要障碍，不在于我的思想和行为，而在于我的家庭出身。在讨论我能否入党的支部大会上，有两派对立的看法：一派认为，我大哥的阶级地位已从雇员上升为剥削阶级的代理人，因此，不能接受我入党；另一派则认为，我大哥作为私人企业的经理，只能算高级职员，因此，可以接受我入党。两派意见僵持不下，随后，我的两位入党介绍人（都是党支部委员）的发言，改变了僵持的局面，促使绝大多数与会党员都同意接受我入党。介绍人郭铎逢说："赵履宽现在担任团总支副书记，工作表现很好，如果接受他入党，工作表现会更好。"介绍人赵基凯（三代产业工人家庭出身）说："四年前我入党时的政治觉悟，比赵履宽现在的政治觉悟低得多，所以我介绍他入党。"赵基凯坦率的发言，既令我吃惊，更使我窃喜。

当时在外地工作的傅青同学，也以当年地下党员的身份写来证言，证明我在北平解放前即有进步思想，倾向革命。这表明人民大学的党组织对我的入党问题相当重视，专门进行过外调。

1953年2月25日，党支部大会根据无记名投票的结果，接受我入党。但是，不同意我入党的一位同志还是做了这样的保留："你今天虽然被通过入党，但是，你应当深挖自己的入党动机……"我注意到，与会者并不在意他的发言，毕竟入党动机很难量化，更难当场验证。当时，我扪心自问，深信自己的入党动机是真诚的，甚至是虔诚的。

1953年2月加入中国共产党，是我在政治上的一大选择。

就在这一年的8月6日，我做出了另一个重大的人生选择——与相恋两年的杨勋结为终身伴侣。杨勋是从山东老解放区南下浙江、又考上人民大学计划经济系的调干学生。那一年，我23岁，她21岁。

十二、反右派运动中受处分

1950年代，老百姓中流传着这样的话："1950—1952年是扭秧歌的时代；1953—1956 年是知识分子的春天；1957 年以后，是政治运动的天下。"这个顺口溜，完全符合我个人的体验。从 1952 年到 1957 年反右之前，是我的黄金岁月。我得心应手地从事着教学和科研工作，在《大公报》《经济研究》《新建设》等报刊公开发表了 20 多篇论文。1956 年初，我被评为讲师。看来，一切都顺理成章。年轻的我，对未来充满希望和自信。

但世事多变，厄运正悄悄地向我逼近。1957 年 5 月，党中央号召人们"帮助党整风"，动员党内外群众给党提意见。响应党的号召，这是我从参加革命之日起就确立的信条。于是，在一次由贸易经济系党总支召开的"征求意见"的会议上，我提了两条意见。

第一条是涉及思想认识的意见："德才兼备"是正确的用人方针，但在现实中往往把"德"等同于"政治表现"，而忽略了伦理道德方面的内容。第二条是涉及实际操作的意见："我们中国人民大学的一小部分教师，文化程度太低，知识面太窄，难以完成大学教师的任务。"

我怎么也没有想到，这两条意见很快就被定性为"右派言论"。接踵而来的，就是"积极分子"们声色俱厉地批判我的"右派言论"。开始，我有些发蒙，随后又有受骗上当之感。在当时那种一边倒的肃杀气氛之下，任何一点点不同的看法，都会被镇压下去。思想和言论的暴力，是以物质和权势的暴力为支撑的。此时此刻，我只能听天由命，等待着临头的大难，因为我知道，按当时的标准，"右派分子"，我当定了。这种悲剧的产生，就在于我不认同当时专横武断的用人标准。

大灾大难之下，也有稀少的幸存者。我所在的贸易经济系划定的"右派分子"，超过了毛主席规定的数量界限，这使我得以逃过劫难，有幸降格为"中右分子"。但是，"积极分子"们不会容我以"无政治问题"的身份生存下去，而赐我一顶"党内严重警告"的政治帽子。当然，这与"右派分子"身份相比，可称为"难得的幸运儿"。一位工农出生的党支部委员对我说："同样的言论，出自你的口与出自工农的口，性质是不同的。"

　　在极左路线肆虐时期，有"政治问题"的人，日子很不好过，每天都经历着有形或无形的歧视。但逆境促人深思，在经历了惊心动魄的反右运动之后，我不再是纯朴的、轻信的"革命青年"，而被社会教化成了"复杂人"。更重要的，我倚靠自己崇尚真理、追根究底的习惯，逐渐找到了应对厄运乃至为人处世的新思路。中华传统文化的精华，特别是道家的祸福转化思想、"道法自然"思想以及儒家的"推己及人"思想，给了我新的启迪和自信。

　　不久以前，我读到季羡林先生说的一句话："假话全不说，真话不全说。"在1957年反右以后的历次政治运动中，我也不谋而合地按照季老概括的这副巧联行事。这一"说话之道"，为我减少了许多烦恼。总之，1957年的厄运，对我来说，确实是"利"大于"弊"。

　　用历史的眼光来看，1957年的反右派斗争，无疑是此后更大的人祸——十年"文革"的一次预演。

十三、"三年困难时期"的磨难

　　1957年反右的直接后果，就是极左路线向全国蔓延。从此，"总路线"、"大跃进"、"人民公社"（合称"三面红旗"）和"大炼钢铁"、"放高产卫星"等政治运动，接连不断，中国就像失去控制的巨型列车，向一个未知的方向狂奔。但客观的自然规律和社会规律是不可抗拒的。从1959年开始，中国进入了"三年困难时期"。北京作为全国必保的首都，竟在一夜之间，商店里的食品突然消失了，仍然摆着的只有酱油、醋和汽水。那幅情景真是吓人，经济规律真是厉害。

当时，我作为高级知识分子中最低一级的讲师，每月可以获得两斤白糖、两斤黄豆的优待，老百姓戏称为"糖豆干部"，而政府司局级干部和教授被称为"肉蛋干部"（每月领两斤猪肉、两斤鸡蛋）。我当然不忍心独吞这点营养品，宁愿留给家中老人和小孩享用。

1962 年 10 月，我被派往北京郊区平谷县宣讲中共中央《关于农村人民公社当前政策问题的紧急指示信》（简称《12 条》）。在这里，我经历了一生中物质生活最艰苦的岁月，几乎每时每刻都有饥饿的感觉。每日三餐是这样安排的：早餐主食是由少量小米和玉米糁相混合的稀粥；午餐和晚餐主食都是由玉米面和红薯面相混合的窝窝头；三顿饭的副食都是酸菜。这样的饮食，连维持人的生存都很困难，绝大多数下乡人员都得了由饥饿引起的浮肿病，我的浮肿情况更为严重。平谷县委和校领导因此决定，每周把我们这批人集中到县城吃一顿白面馒头（对农民保密）。当时，人们的吃相如狼似虎，每一个人的饭量都不少于五个大馒头。

农民群众的生活，也不比我们好。他们说："人拉出来的屎，狗都不吃（质量太差）。"他们还说："我们饿急了，从地里拿点东西吃，就说我们'偷集体的财产'，天天挨批判。"关于"偷"与"拿"之争，生产队长在参加四级（县、区、乡、村）干部会议之后回村做了这样的传达："上级说了，以前偷的，都不算了，以后不许再偷了。"但农民始终不承认"偷"，认为那是"拿"本来就属于自己而被人民公社强行占有的东西。

经常处于饥饿状态的人，无心思考什么理论，无心关注什么学问，而只是不由自主地想着吃的问题。在处境最艰难的时候，我们一家喜得亲人相助。我大哥从昆明托人带给我们一点猪油和腊肉（昆明因交通不便而得福——减少食品外调）。我的岳母把我的儿子和外甥带回农村吃了一个月红薯，为我们省下了一些粮食。杨勋的姥姥给了我们一百多斤全国通用粮票。这些雪中送炭之举，大大缓解了我们的困难。

在"三年困难时期"，决策部门迫于形势，在经济政策上采取了一些松动的措施，如取消人民公社的食堂等，但在思想政治领域不仅不松动，反而将错就错，不断强化"三两斗争"，即强化两个阶级、两条道路、两条路线的斗争。事有巧合，当时东北地区每人每月只配给三两食用植物油，于是，老百姓就称呼当地党政军最高领导人为"三两书记"。这样，中国这辆失控的巨大列车，就不可避免地冲进了"文化大革命"的深渊。

十四、"文化大革命"中的遭遇

粉碎"四人帮"之后不久，叶剑英元帅在一篇公开发表的文章中说：在十年"文革"期间，不同程度地受到冲击的，超过 1 亿人，其中，有的被迫害致死，有的被打伤打残，有的被囚禁，有的被残酷批斗。叶帅的这段话，令我久久难忘。我们一家人的遭遇，可以作为这段话的例证。

"文革"初期，身为北京大学经济系教师的杨勖，与她唯一的胞弟杨炳章（北大哲学系旁听生），做了一件类似《皇帝的新装》童话中那个说真话的小男孩所做的事：给毛主席写信，建议老人家不要让江青出来参与政治活动。姐弟二人在信中说："江青同志参与政治活动，会给您老人家带来麻烦。"他们写这封信的直接动因，是看不惯江青于 1966 年 7 月 26 日晚在北京大学东操场很不得体的讲话和失态的表情。这封信给姐弟二人带来的，就是牢狱之灾。

1966 年 12 月 23 日凌晨 1 时，　群新北大公社的成员奉命把杨勖扭送到北京市第一监狱（又称半步桥监狱）。杨勖的胞弟杨炳章在几天之前已被扭送到同一监狱。直到 1969 年 1 月 30 日，杨勖才按"教育释放"，被

"宽大处理"。在杨勋坐牢期间，江青、康生还在公开场合两次点杨勋、杨炳章的名。江青还莫明其妙地称杨勋为"特务"。

杨炳章被关押一年之后，由山东老家的农民保回农村，接受"群众专政"。随后，杨炳章因不堪忍受歧视，逃至长白山林场伐木，不久越境赴朝鲜，被遣送回国，押送途中逃跑，又被抓回，再次入狱，被判四年有期徒刑。改革开放后，杨炳章考取北大西方哲学史硕士研究生，随后赴美留学，获哈佛大学哲学博士学位，回国后任人民大学教授、博士生导师，著述颇丰。

至于我本人，有幸未遭毒打，除此之外，各种灾难都领受了。运动伊始，我就被定为"漏网右派"，接受人民大学两个革命群众组织的审查。杨勋入狱之后，我又增加了"包庇特务"的罪状。革命群众组织勒令我交代问题，抄我的家，限制我的行动，来势越来越猛，看来，更大的灾难即将来临。当时，这些革命群众组织都私设公堂，还私设地狱般的"牛棚"（关押"牛鬼蛇神"的变相监狱）。

于是，在征得大姐（帮助照顾我的两个儿子）和三姐同意之后，我逃回昆明，在亲属家中躲避了半年。当我在报纸上看到"工人和解放军毛泽东思想宣传队"进驻高等院校制止武斗，并实现了"三结合"和"大联合"的消息之后，就赶快返回北京，向人民大学"三结合"班子报到。

不料，他们立刻做出决定，把我关进名曰"毛泽东思想学习班"的劳改队。这个劳改队囊括了各种"有问题"的人，诸如"走资派"、"摘帽右派"、"漏网右派"、有政治历史问题者、有"三反"（反共产党、反社会主义、反毛泽东思想）言论者、对"文化大革命"有不满情绪或议论过"无产阶级司令部"领导人者，以及有"叛徒"、"特务"嫌疑者等，还有一位新四军的老干部，他的"罪行"是"说了不准许再次传播的有损于一位中央领导人威信的、内容极其恶毒的话"。据说，此"恶毒言论"的具体内容，既不准检举人和"犯罪人"复述，甚至也不准专案人员追问。此后得知，这位"中央领导人"就是江青。

更难以忍受的是，以军工宣队为首的"三结合"领导班子，参照正规监狱的做法，在我们夜间睡眠时，通宵开着高亮度的电灯，并有专人坐在四张双层床的中间，监视我们的动静。记得有一晚，我因当天上下午劳动太累（每天都派我们干重活、脏活、险活），晚上睡得很沉，就被监视者用粗暴的动作推醒，以证明我没有自杀。当晚，我强压住了自己的愤怒，无法再入眠。

在"文革"期间，我们全家五口人中，不仅杨勋、杨炳章和我三个成年人遭到迫害，我的两个儿子也受到株连。北大附小学生小蔚，成了"杀、关、管"分子的子女，遭受种种歧视。小冬则被北大幼儿园除名，理由是"必须优先满足革命群众的子女入园"。

"文化大革命"是20世纪后半期出现的一个怪物，它使中国社会大倒退，给中国人民带来大灾难。举世著名的哈佛大学开设了一门选修课——"中国无产阶级文化大革命"，企图解开这个"中国之谜"。物极必反，"文革"终于导致"四人帮"的覆灭和改革开放新纪元的诞生。

十五、下放江西　"五七"　干校

干部下放"五七"干校，是发生在"文革"中的一大事件，具有特殊的回忆价值，有必要专门予以记述。

"五七"干校，因毛主席于1966年5月7日做出的"最高指示"而得名。1968年9月，毛主席又发出"最高指示"："广大干部下放劳动……除老弱病残者外都应这样做。"接着，林彪借势以"备战"名义，发布"第一号令"，把广大干部驱赶下乡。人民大学教职员工被下放到江西省余江县农村。

进驻人民大学的"军宣队"第一把手在动员大会上宣称："这次下放，是永久性地在农村安家落户，大家要有长期打算的思想准备。路途遥远，书籍之类用不着的东西，就不要带下去了。当然，毛主席的书和语录本，千万不要忘记带。"一时间，人心惶惶，疑虑重重。有的人完全相信"落户农村、长期打算"的说法，以极低的价格（7分钱1公斤）把多年珍藏的书报杂志卖给造纸厂或废品收购站。有的人对"军宣队"的动员报告半信半疑，把书籍和细软存放在亲友处，为自己留下后路。还有少数人（包括我本人），有点辩证思维或信奉老庄哲理，基本上不相信"军宣队"的那一套话。但是，思想和行动毕竟有区别，人们从自己的经验中深知，"理解的要执行，不理解的也要执行"（林彪语录），在"文革"期间，这等同于法律。

"五七"干校的劳动是繁重的，生活是艰苦的。以我本人为例：我干过挑大粪这种又脏又累的活儿（两桶粪约150斤），干过在大片田地里撒粪的活儿，还干过加工石料（以钢钎和铁锤为工具）的活儿。当时，"军宣队"把我们这批文弱书生视同士兵（实行连、排、班编制，我当过三个月副班长）和强壮劳力，向我们灌输"大雨大干、小雨特干、晴天拼命干、活着干、死了算"的精神。经济系的一位资深老教授，实在忍受不了这种折磨，喝敌敌畏自杀，实现了"活着干、死了算"的咒语。

与这位老教授不同，我有过1957年反右以及1968年"劳改队"的经历，具有一定的"免疫力"，不仅不会自杀，反而自觉地在"五七"干校磨炼"苦中求乐"的功力。

当然，我对这种把体力劳动作为惩罚手段的做法，十分反感，我也对那种用体力劳动来改造知识分子的理论，不以为然。体力劳动者和脑力劳动者之间，只有分工的区别，而不存在孰优孰劣的区别。记得1989年我赴波兰做学术访问，顺便到奥斯威辛镇追悼惨死于该镇几个集中营的上百万犹太人。集中营大门上方有一块德国纳粹立的横牌，上面写着"劳动带来自由"字样，这是最大的欺骗和讽刺。

十六、人民大学被解散之谜

　　人民大学被解散，这又是发生在"文化大革命"期间的众多怪事之一。当繁重的体力劳动和艰苦的物质生活使我们这批"五七战士"的情绪变得低沉而麻木的时候，又从北京传来了"人民大学已被解散"的小道消息。这真是雪上加霜，更加剧了我们的无助感和悲愤感——无娘的孩子被扫地出门了。

　　堂堂一所历史辉煌的著名高等学府，怎么会落得如此下场？人们议论纷纷：这是何人出的馊主意，是怎么被通过的，最后又是谁拍板定案的，其中有什么秘而不宣的情节？有人不相信小道消息，说什么"除非亲眼看到正式文件，否则决不相信（至今也没有人看到正式文件）"。有人却说，"政治局委员们都在'解散人大'的文件上画了圈"。据说，停办人民大学的决定，是北京市革命委员会通知下来的。有人质问：北京市革委会只是传达上级决定，那么，决定停办人大的又是谁呢？没有人能回答出来。有人更对这个事件做了"三段论"的逻辑推断：毛主席在 1968 年 7 月 21 日批示："大学还是要办的，我这里主要说的是理工科大学还要办，但学制要缩短，教育要革命，要无产阶级政治挂帅"。人们可以把毛主席的话理解为"人文社会科学类的大学可以不办"，而人大正是这一类大学。因此，人大可以解散。这一推断虽然符合形式逻辑，但人们总觉得解散人大不合乎情理。

总之，解散人民大学的来龙去脉，至今还是一个谜，但愿早日解开这个谜。

古语云："祸兮福所倚。"人民大学在"文革"中被停办，也为复校后带来一个好的结果：在全国所有著名高校中，只有人民大学没有招收过"工农兵大学生"。这使人大的教师躲过被"上、管、改"的厄运。所谓"上、管、改"，是当时党政高层提出的方针，即工农兵大学生要"上大学，管大学，用毛泽东思想改造大学"。这个方针的实施，使大学教师吃尽了苦头，还引发了大量的后遗症，阻碍了高校的正常发展，而人民大学逃过这一劫，得以"独善其身"。

十七、国务院工资理论研究小组成员

1971 年 9 月 13 日，"副统帅"林彪暴死事件，对全国党、政、军、文、教等各方面和各单位都产生了很大的影响，人民大学也不例外。这一事件之后，"五七"干校以及流散在全国各地的人大师生员工纷纷回到北京，有的挤住在被"第二炮兵"部队占去一部分的校园里，有的借住在亲友家中。人大虽然没有从上级得到复校的正式通知，但在林彪垮台之后，已没有人敢于阻止人大教职员工返校并从事复校的准备工作。直到 1978 年初，中央才下发了关于人民大学复校的文件，其中规定，凡是调到外单位的人员，原则上应调回人大。

　　1973 年 10 月，校系两级领导通知我，尽快到国家计划委员会报到，参与理论研究活动。与我一起被派遣的，还有经济系的徐禾副教授和计划经济系的余广华讲师。我们三人准时去报到并得知：根据周总理的指示，成立国务院工资理论研究小组，由纪登奎副总理主抓，由国家劳动总局局长康永和及全国总工会劳动工资局局长王向生二人担任正副组长。

　　在全体组员首次会议上，我环顾四周，发现组员大都是经济学界有点名气的人物：孙尚清、何建章、桂世镛、刘方域、智效和。前三人为中国科学院经济研究所的成员（现已作古），后两人为北京大学的教师。王向生宣布：研究小组的任务，是全面系统地从理论上探讨工资问题，不断地提供研究成果，供国务院领导同志参考。

　　我们十几个人做了初步分工，我主要研究供给制问题。在工作中，我很快就发现，毛主席关于按劳分配、资产阶级法权等问题的论述，已经为我们未来的研究成果定了调，因为任何违背这些论述的研究成果都可能招来灾祸。我们每天忙于查找档案、整理资料、采访知情人、阅读书刊和分析问题。当时，这是全国科研人员求之不得的一种机会。

　　1975 年邓小平复出后，工资理论研究小组一下子增加了几位知名度很高的人物：薛暮桥、齐燕铭、许涤新、吴冷西、于光远、刘国光、董辅礽和罗元铮等。此后，小组组长改由于光远担任。

　　关于于光远，我不忍"割爱"，要多说几句。于光远在抗战前入党的老党员中，学历和文化素养最高（1936 年清华大学物理系毕业），他的知识面很广，涉及哲学、经济学以及自然科学、社会科学的诸多领域，近乎"百科全书式人物"。更重要的是，他头脑开放、与时俱进、关注国内外大趋势，堪称学者型的官员。我从 1949 年初参加革命，就开始阅读于光远的著述，此后，从未中断。1975—1978 年期间，我有幸在于光远的直接领导下工作，耳濡目染，从思想观念到为人处世，获益良多。1979 年以后，我与于光远接触很少，但他在心中的分量从未减轻。

　　60 多年来，我喜得两位贵人相助：一位是于光远——我的良师益友；

另一位是杨勋——我的终身伴侣。

邓小平的复出，使工资理论研究小组的政治气氛转向活跃，组员的精神状态大为振奋。但好景不长，风云突变，"批邓"和"反击右倾翻案风"的狂风暴雨又来了。与所有的党政机关和事业单位一样，我们这个临时性的小组，也必须人人表态过关。上边要求很严，但我们这一小群人，大都是历次政治运动的"老运动员"，彼此彼此，轻松过关。这次运动，来得急，去得也快，"四人帮"的覆灭，把一切都改变了。

十八、国务院政治研究室写作组成员

1975 年，邓小平复出后，立即指示组建国务院政治研究室（中共中央书记处研究室的前身），下设写作组，其成员包括于光远、邓力群、林涧青、林子力、冯兰瑞、苏沛、滕文生、陈进玉和我。

1976 年 1 月 8 日，周总理仙逝，随之引发了规模宏大的反"四人帮"的群众运动。极左势力迅速镇压了自发的群众运动，强行掀起"批邓""反击右倾翻案风"的恶浪。邓小平被撤销党内外一切职务，但这已经是"四人帮"和极左路线的回光返照。1976 年 10 月 6 日，在毛主席仙逝近一个月之时，"四人帮"终于被彻底粉碎。这时，全国老百姓要求邓小平再度复出的呼声，一浪高过一浪，势不可当。邓小平再次复出后，国务院政治研究室又活跃起来，而且得到改组和加强，胡乔木被任命为主任，于光远、邓力群被任命为副主任，林涧青被任命为写作组组长。这时，于光远叫我立刻到政治研究室写作组报到，参与撰写文章，工资理论研究小组的其他成员则回原单位工作。我猜想，于光远挑选我一个人加入写作组，可能是看中我"认死理儿"的性格。

写作组针对长期被极左路线搅乱的一些重大理论问题，以"向群"为笔名，在《人民日报》头版，连续发表了近十篇长文。有政治头脑的人一看便知，这是邓小平的理论班子写的文章。这些文章与由胡耀邦亲自定稿的那篇最著名的文章——《实践是检验真理的唯一标准》相呼应，为中共十一届三中全会的胜利召开，做了较充分的理论准备。

写作组起草的文章，经于光远、邓力群修改，最后由胡乔木逐字逐句推敲定稿。中共中央党校对"党内第一笔杆"胡乔木所做的修改进行细致的研究，写出研究报告，作为党校的教材。

我与胡乔木有过若干次近距离和零距离接触，他给我某种相对稳定的印象：对毛主席无比忠诚，为此，不惜说一些违心的话，做一些违心的事，如在"文革"和"批邓"期间的某些言行；熟悉党内政治生态，无条件服从党的决定；工作和学习十分勤奋；待人和气，作风朴实。记得有一次，我到他家里汇报国内围绕按劳分配问题的争论，在一个多小时的汇报过程中，他不仅不打断我，反而频频点头示好。告别时，他还把我送到大门口。当时，我是相当于行政 18 级的大学讲师，与他相差 12 个级别。

抗战前夕，胡乔木在清华大学中文系学习期间，加入共产党，随后奔赴延安，很快就博得毛主席的赏识，并长期担任主席的秘书。胡乔木善于领悟主席的心态、思路和风格，做了很多年毛主席的秘书。邓小平在 1977 年起用胡乔木时说，胡乔木在"批邓"时说过错话，但他没有胡编乱造，只是"上纲上线"，以图过关。

我在国务院政治研究室工作期间，有过一件不大不小的趣事。有一天，邓力群对我说："你在工资理论研究小组工作期间认识国家劳动总局的人，你能不能请他们批两个进人指标。"我表示愿去试一试。第二天，我就去找康永和局长。他很痛快地问我："要几个指标?"我随口回答：

"给10个吧!"（我现在都弄不清当时为什么狮子大开口。）康局长立即用地道的山西口音说，"没问题"，并对他的秘书说"你去落实"。其实，康局长这么痛快应允，主要不是因为与我有私交，而是因为政治研究室有特殊的权威。当时，我们研究室的权力和能量很大，可以随时通知国务院各部委的主要负责人来汇报情况。

若干年后，我惊喜地发现：李银河（著名社会学家）、林春（颇有影响的牛津大学政治学博士）、李湘鲁（前总书记赵紫阳的秘书）和左方（著名企业的高级管理人）等人才，正是靠这10个指标进入政治研究室，从而为他们日后的发展提供了有利条件。

十九、参与组织四次按劳分配理论讨论会

粉碎"四人帮"之后，亟待解决的问题多如牛毛，但最紧迫的，莫过于思想理论领域的拨乱反正。在极左路线的控制下，按劳分配原则遭到歪曲和批判，我国职工的工资被冻结20年之久。看来，拨乱反正从按劳分配问题突破，是最得人心的选择。以于光远为首的工资理论研究小组当仁不让，挑起了这副重担。

1977年4月，第一次按劳分配理论讨论会在北京召开，有30多个单位的100多人参加。6月，第二次讨论会，有近百个单位的400多人参加。10月，第三次讨论会，除在京的135个单位的500多人外，还有来自23个省、自治区、直辖市120余个单位的280余人参加。1978年10月，又在北京召开了更大规模的第四次讨论会。这四次按劳分配理论讨论会，不仅肯定了按

劳分配原则的正当性和权威性，而且强有力地带动了人文社会科学的拨乱反正，从而为随后召开的批判极左路线的中央工作会议创造了有利条件。

不可否认，于光远对这四次讨论会的胜利召开，起了最重要的作用。此外，我在会上的发言《驳"四人帮"在劳动报酬形式问题上的谬论》被《人民日报》发表并在全国二十几家省报转载。《人民日报》理论部负责人说："赵履宽的这篇文章如果送审，就登不出来了。"当时，"两个凡是"即"凡是毛主席作出的决策，我们都坚决维护，凡是毛主席的指示，我们都始终不渝地遵循"还管控着国内的公开出版物。这篇文章的公开发表，扩大了按劳分配理论讨论会的影响。总之，按劳分配理论讨论会的成功，堪称粉碎"四人帮"之后思想理论领域拨乱反正的首次大捷。

二十、　参与创建中国劳动工资研究会和中国劳动学会

1977 年，工资理论研究小组自行结束之后，于光远认为，应当为这个小组留下一点有价值的东西，建议成立中国劳动工资研究会。于是，他在一次会议上正式提出这个建议，并推荐我担任总干事。他在会上说："这个研究会是学术性、群众性的社团，不设'长字号'职位，没有'会长''副会长''秘书长'，只设'总干事'，咱们这里只干事、不做官。"

中国劳动工资研究会开展活动，主要是依靠无报酬的志愿者的参与，但在"蜜月期"过去之后，志愿者也就回原单位从事本职工作了。我逐渐意识到，于光远为中国劳动工资研究会设计的具有理想主义色彩的模式，

难以适应现实社会。改变中国自秦始皇以来一直流行的"官本位""以吏为师",谈何容易!

当初,我们这批以于光远为首的学者创建中国劳动工资研究会,为的是更好地开展劳动工资问题的研究,以维护劳动者的权益,而不是为了搞学术垄断、立小山头。看来,从现实出发,从实效出发,我们必须与主管劳动工资的国家劳动总局合作。于是,我去找老熟人康永和局长。我对他说:"中国最主要的特点,就是人口多、劳动力多,因此,应当创建中国劳动学会,把现已存在的中国劳动工资研究会并入其中,我这个'总干事'自动退位,由你出任会长。"康永和表示同意,说,"这样做很好嘛!"这次谈话的结果,在我预料之中,因为我印象中的康永和,是一位和蔼可亲、不摆架子、从善如流的人。

在筹建中国劳动学会的过程中,康永和授权我办一件大事,即聘请最有威望的又能与劳动经济挂得上钩的人物担任学会顾问。我凭借曾在工资理论研究小组和国务院政治研究室工作的老关系,很快就完成了任务。我聘请的顾问包括于光远、邓力群、齐燕铭、许涤新、宋平、薛暮桥、吴冷西等,他们都是学者型的党政高官,其中,宋平曾任国家计委劳动工资局第一任局长,粉碎"四人帮"之后逐渐升为中共中央政治局常委。这个顾问阵容大大提高了中国劳动学会的知名度。据我所知,此后建立的众多学会、协会、研究会等,都不再有这样高知名度的顾问阵容。

我以中国人民大学劳动经济研究室主任的头衔,担任副会长。这个头衔在所有的副会长中居于最低级别,其他副会长都具有省部级资格。我国数千年的官本位传统,为教师、医生、科技人员套上"相似"(官方文件用语)的行政级别,于是,我这个"相似"于处级的讲师,阴错阳差地与省部级的其他几位副会长挤在一起。这个不正常的现象,在若干年后得以"纠正"。当我身心健康地进入七旬之际,我的副会长职务终于被免除,当然也不具备顾问的资格了。我讲这几句牢骚话,并非出于对副会长或顾问头衔的迷恋,只是想借此证明中国官本位传统之顽固。

其实，我真正重视的，是我作为教师的神圣职业。从 1952 年起，我已任教 60 多年，至今每年还招收一两名劳动经济学专业的博士生，从中获得乐趣，甚至可能因此而延年益寿。

二十一、 为人民大学复校做了一件鲜为人知的善事

"四人帮"虽被粉碎，但人民大学仍处于被解散的窘境，广大教职员工都期待着正式复校。作为人大建校时的"元老"之一，我自然对人大有着深厚的情怀，但一个无权无势的讲师，能为此做点什么呢？

大约在 1977 年春，我在工资理论研究小组期间，通过组员罗元铮（新中国第一个从苏联高校获得经济学副博士者）认识了余秋里副总理的二女儿余晓霞，她是一个性格开朗、求知欲强的青年。经过几次交往之后，她请求我帮助她到北京大学旁听中文系的课程。杨勋（作为北大反江青的代表人物，获昭雪平反之后，很得人心）很快就为余晓霞办妥了旁听一事，有时还让她住在北大朗润园我家的一间空屋内，以便晚间听课。

这时，我突然产生一个想法——何不通过余秋里父女促进人大复校？"四人帮"倒台后，余秋里升任解放军总政治部主任，很有威望。"投桃报李"是人之常情，何况我求他们促成的，是利国利民的善事。"不以物喜，不以己悲"，却"忧国忧民"，这是我崇尚的精神境界，"虽不能至，心向往之"。

于是，我起草了一封给余秋里的信，慷慨陈词，首先陈述人大及其前

身（延安陕北公学、华北联大、北方大学、华北大学）在中国革命和建设中所起的重要作用，进而痛斥"四人帮"解散人大的罪行。我情不自禁地把解散人大的罪责扣在"四人帮"头上。为了壮大声势，我还征集了几个熟人签名，把新四军老干部、人大贸易经济系系主任曾洪业排在第一名，我排在第二名，随后是余广华等人。我抓紧时间把信交给余晓霞，嘱她快办。她对此非常积极，当天就回家了。第二天，她急匆匆赶回北大告诉我，她亲眼看到父亲在这封信上批了"请刘西尧同志办理"字样（刘西尧是军队干部，"文革"期间任国务院科教组组长）。余晓霞还说，她催促"余办"的工作人员把信送出去了。

此时此刻，我似乎有"人大即将复校"的预感。果然，不久之后，有人就看到中央关于人大复校的正式文件。我不敢说，我做的这件事对人大复校起了决定性的作用，但我可以说，它大大加速了人大复校的进程。要知道，在我国的政治环境下，重大事件的解决，很大程度上取决于大权在握者对它的关注程度。余秋里当时不仅是副总理，而且是中共中央书记处书记。

无疑，余秋里是促进人民大学复校的一位功臣，人大教职员工应当感谢他，还应当了解他的传奇人生。余秋里在战争年代立过大功，多次负伤，失去自己的左臂；建国后，他作为石油工业部部长，为中国的石油工业做出了卓越贡献。人们还注意到，"文革"期间的新闻报道曾给予他一个怪异的地位——在每一串"与会者"或"出席者"名单的末尾总出现"还有余秋里"五个字。这缘于一个小故事：有一次，毛主席在听完一长串与会者名单之后，随口说了一句"还有余秋里"。此后，擅长于文字游戏的中央文革小组组长陈伯达，每次都在那一串名单之后加上这五个字。这样，既执行了"最高指示"，又暗示了余秋里的"走资派"身份。余秋里是中华人民共和国将领中极少数独臂将军之一。我曾见过他甩着空荡荡的左衣袖高声做报告的情景，并为之动容。

人民大学被解散后又复校这一事件，使我联想起美国著名的"中国通"费正清教授（已故）的一句话：要了解中国政治，必先了解"关系和面子"。看来，为达到善良的目的，不妨利用一下关系，照顾一点面子。

关于人民大学 1978 年的复校，有一件事值得一提。由于人民大学 1978 年春才复校，没能赶上全国统一招生，只好在高考成绩出来后，允许学生补充报名。全国仅此一校获此优待。人大 1978 年入学的 1000 名学生，都是在知道自己的高考成绩后改报人大的。他们中的许多人，报名时为了脱离当时身处的"苦海"，不敢填报著名高校，只敢填报把握大的一般院校，但成绩出来后，发现自己的成绩名列前茅，于是唯一一所补充报名的人民大学就成了这些优秀人才考入名校的"救生圈"。据我所知，人民大学 1978 级本科生的素质较高，其中不少人毕业后取得了突出的成就，诸如白南生、陈锡文、周其仁等。

二十二、　创建人民大学劳动经济研究室和劳动人事学院

国务院政治研究室写作组的任务完成之后，我即将返回已正式复校的人民大学。临行前，于光远对我说：你回人民大学应当继续研究劳动工资问题，争取把劳动工资研究会挂靠在人大。于是，我回人大找当时主持日常工作的胡林畅副校长（正校长成仿吾尚未到任），把于光远的想法转告他，并建议成立劳动经济研究室。胡林畅很痛快地同意了我的建议，还表示，可为新机构刻一枚图章，每月拨一点经费。为什么如此顺利？胡林畅和李恩宇（长期担任人大党委组织部部长）是校级领导干部中了解我为人

大复校奔走的两个人（复校不久两人相继离世）。因此，他们很信任我，对我优待有加。

劳动经济研究室建立之后，最先调入的人员有张佩玉、徐慈君、张一德、姚裕群、孙树菡、邱力等。当时，我除了为《人民日报》《经济研究》《教学与研究》撰写有关就业、工资、劳动力所有制等方面的文章，就是集中精力编写劳动经济学与劳动社会学教材。

1982年夏，我开始招收硕士研究生，董克用是我的第一个研究生，他曾任人民大学公共管理学院院长、博导。彭剑锋是我招收的第二批研究生之一，他现在是全国人力资源管理的权威性人物、博导。刘尔铎也是我招收的第二批研究生之一，现任劳人院副院长，他是知识渊博的名副其实的博士。"青出于蓝，而胜于蓝"，我指导过的几十名博士和硕士研究生，现在的专业水平和获取知识的能力，都超过了我，我为此感到自豪。

1982—1983年，国家劳动人事部决定建立一所自己的院校（其他各部几乎都有自己的院校），我得知这一重要信息后，主动与其联系，建议劳动人事部与人民大学共建这所学院。当时，北京经济学院（设置有全国资格最老的劳动经济学专业）和天津南开大学都积极争取与劳动人事部共建学院，但劳动人事部最后还是选择了人民大学。

我认为，人大胜出的原因有三条：第一条，人大的知名度高于两个竞争者；第二条，原国家劳动总局和原国家人事局的一些领导人如王蓉、严忠勤等，为我们游说高教决策部门；第三条，当时，我在权威媒体上发表了多篇有关劳动就业和工资福利方面的文章，而两个竞争者当时在这方面发表的文章很少。

1983年7月，劳动人事部与人民大学正式签订了双方合办中国人民大学劳动人事学院的协议。协议规定：劳人院的经费（包括工资）由劳动人事部拨给；劳人院的教学科研工作由人民大学领导。此后不久，劳动人事部拨给劳人院基本建设款420万元。用这笔基建款可按特别低的计划内价格购买建筑材料，因此，这在当时是一笔相当大的款项，足以盖一座学院大楼。但由于种种原因，劳人院并没有自己单独的大楼。

劳人院成立的前期，在我的建议下，人民大学把院长一职留给劳动人事部的部长或副部长兼任，但赵东宛部长始终未表态。上世纪 90 年代初，我由副院长正式转为院长。但我这个院长信奉"为无为，则无不治"的哲理，不管经费收支（授权别人管）以及日常事务工作，只管引进人才和教学科研质量两件事。我们在人民大学首创"学生评价教师"制度（公开奖励先进者，但不批评后进者），收到积极的、无副作用的良好效果。

劳人院凭借劳动人事部的背景，从国内一些名校引进了一批人才：从吉林大学引进政治学人才；从南开大学引进社会学人才；从北京大学引进心理学和社会调查方法人才；从北京师范大学引进管理心理学人才；从复旦大学引进经济学人才。这就实现了"杂交优势"，避免了"近亲繁殖"。这些人才是劳人院最宝贵的财富。诺贝尔经济学奖获得者、美国芝加哥大学教授加里·贝克尔说："美国的人力资本 3 倍至 4 倍于美国的物力资本，这是美国富强的秘密所在"。在我看来，人大劳人院所拥有的资本，几乎全是人力资本，这也是劳人院取得突出成就的秘密所在。

从 1983 年起，劳人院开办了劳动经济学和人事管理学两个专业的干部进修班，学制为两年，学员由全国各省市的劳动人事部门保送，连续办了三届。从 1985 年起，劳人院又开办了劳动经济、人事管理（后改名为人力资源管理）、社会保障三个本科专业，由全国统一招生提供生源。这时，我在全院教师大会上提出劳人院教学和科研的价值取向：经济市场化、政治民主化、文化多元化。据此，劳人院在人大首先开设了一些有利于上述"三化"的新课程，诸如社会学、心理学、社会调查方法、组织行为学、人员素质测评、人事管理学、社会保障学、社会工作学、比较政治学、西方劳动经济学、外国人事管理学、行政管理学等。

这里应特别指出，在中国历史上，劳人院第一次开设了人事管理的专业和课程。此前，人事管理被定位在"政治保卫"的范围之内。因此，各单位（包括企业、事业和机关）大都设有劳动人事保卫科（处、部）或直接由党的组织部门管人事。劳人院因首先开设人事管理的专业和课程而受到北京市政府的嘉奖。

劳人院政治气氛宽松，人际关系和谐，各层级的毕业生分配抢手。改革开放程度高的地区和单位，特别青睐我院的毕业生，如海南省人事劳动厅罗厅长就亲自飞来我院挑选了十多名毕业生。校内外不少人也愿来我院工作或学习。许多人善意地把劳人院称为"人大特区"，我院师生也乐于接受这一称号。

二十三、对外学术交流

1988 年夏，应香港大学周永新教授之邀，我第一次走出中国内地，赴境外做学术交流。在这次交流中，我与港大学者在三个重大问题上取得了共识：第一，中国极左路线的要害，在于违反人性；第二，计划经济体制的实质，是行政权力垄断；第三，对外开放，是推动对内改革最强大的动力。这几点共识，对我个人和劳人院的教学科研工作，起了重要的推动作用。

此后十余年间，我还赴苏联、日本、法国、美国、韩国、波兰等国家做学术交流。但相比之下，与我国台湾政治大学、香港大学、香港城市大学、香港中文大学的交流，效果更佳，因为同文同种的学者之间，可以畅所欲言，情理交融，心领神会。

1990 年代初，我应日本明治大学山田雄一教授（曾任明治大学教授委员会主任委员）之邀，给研究生讲学一个月。山田教授严谨的治学态度、渊博的知识以及对中国留学生及访问学者的特殊关照，给我留下了长久的记忆。令我更难忘的，是山田教授当时发表的一些高明的观点。他说，混乱的金融体系，特别是银行的贪婪，是导致日本经济大滑坡的罪魁祸首。山田教授的这一论断，准确地预言了 2008 年秋始于美国的金融海啸和经济危机。

我曾两次赴日本，与大阪经济法科大学教授、大律师相马达雄做学术交流，以此为契机，相马达雄曾自费为人民大学劳人院开设"劳动法"讲座，效果极佳，国家教委誉之为"长期自费来华讲学第一人"。

关于对外学术交流，我曾遇到过一件颇为特殊的憾事。1980 年代初期，我突然收到一封发自日本首相中曾根康弘的邀请函，邀请我出席在东京召开的世界就业问题讨论会，邀请函末尾，有会议主席中曾根首相的亲笔签名。日本首相为什么邀请我？这很可能缘于我发表的一篇文章。1980 年 8 月 19 日，《人民日报》发表了我的《我国当前劳动就业的几个问题》一文，并在第一版用醒目的粗体字写了一句广告式的话："今天本报在第二版发表中国人民大学赵履宽副教授的重要文章。"十分重视"官方"和权威，是日本人为人处世的一大特点。

于是，我把邀请函交给当时分管外事工作的黄达副校长，请领导决定。副校长看完信后，说了一句话："学校没有钱。"我争辩说："这么高规格的邀请，不去参加，有失礼节，不太好吧！"副校长坚持说："那也没有办法。"这件事，令我深思中国的"官本位"和"单位所有制"两大问题。

事后，我做了这样一个判断：如果这不是对我个人的邀请，而是对人民大学这个"单位"的邀请，这张十分难得的"入场券"，就不会白白作废了。今天我追述这件往事，是用一个案例证明：中国高校的行政化管理体制，不利于学术的交流和繁荣。

最后，我"交代"一下：从 1988 年以来，我参与过十几次对外学术交流，其中，有四次由劳人院负担来回机票费用（我是外访团成员之一），其余各次（我一个人出访）都由邀请方负担全部费用。每次花我国纳税人的钱出访，我都有愧疚感，毕竟我国的人均收入还排在全球第一百位左右。

二十四、离休——离而不休

1999 年 1 月 3 日，我办理了离休手续，领了中华人民共和国老干部离休荣誉证。唯有 1949 年 10 月 1 日之前参加革命工作的人，才有资格领取此证。按规定，我应该在 1990 年 1 月 3 日离休，只因工作特别需要，才拖延了 9 年，我可能是极少数拖延时间最长的老教授之一了。

从 1993 年起，劳人院成为全国唯一的劳动经济学博士学位授予单位，我成为全国唯一的博导。如果按法定的时间离休，中国就少了十几位劳动经济学博士。当时劳人院有 7 位综合素质高却没有取得博士学位的教授和副教授。我决定，首先充当这几位教师的博导，然后再招收院外的博士生。迄今为止，我已带过 20 多名博士生。虽然办了离休手续，但每年还招收 1～2 名博士生。

长期以来，我养成了"阅读、思考、评论"的习惯，每有心得，就产生与人共享的冲动。孔子曰："知之者不如好之者，好之者不如乐之者。"担任教师，对我来说，乐在其中矣！

二十五、"钻石婚"——稀有之喜

男女恋爱、婚姻家庭、生儿育女，这对人的一生有着极大的意义，也是人类得以生存和发展的永恒主题。

我和杨勋，从1951年初认识到1953年8月6日结婚，历时近三年。1951年初，我们作为人民大学"三反"运动工作队员，朝夕相处，不久就从相互有好感到产生爱情，进而结为夫妻，确是一个"自然而然"的过程。

我们之间有不少相异之处：她是北方革命者的后代、1948年入党的中共党员，参加过抗日战争和解放战争，父亲是红军干部，牺牲之前任八路军团长、山东军区敌工部部长等职。我的"政治身世"不同于杨勋。我是南方中产阶级家庭出身，1953年2月入党，此前只是青年团员。但我们丝毫没有不自然之感，相互吸引，相互尊重。看来，年轻人热恋的自然之情，可以把种种外在的差异，抛到九霄云外。

婚后，在1957年反右派斗争之前，我们过着平静而幸福的家庭生活。此后，我们两人在接连不断的政治运动中，都受到冲击，但牢固的婚姻关系从未动摇。

为什么从1953年至今我们的婚姻关系牢不可破？根本原因在于，我们有着相同的善恶标准、是非观念和政治倾向。

关于我们的恋爱、婚姻和家庭，杨勋在2004年出版的回忆录《心路：良知的命运》（新华出版社）中，做了比较详细的描述。这里，我只想强调指出，2013 年我和杨勋共庆了我们的"钻石婚"——不中断的 60 年婚龄。我的一生没有什么惊人之举，却在不中断的婚龄上达到最高等级。这的确是一件幸事，毕竟能达到这个等级的人很少，物以稀为贵嘛！要知道，必须具备以下条件，才能达到"钻石婚"：不晚婚，不离婚，双方年龄相当并且高寿。

我和杨勋育有三子。

长子赵蔚是北京大学国际政治系法学硕士，中国社会科学院研究人员，代表作有《长征风云》《赵紫阳传》等。赵蔚有一女二子，女儿小杨和儿子远方、远航。小杨毕业于美国加州大学伯克利分校，已有一女取名黛宝，这成就了难得的"四世同堂"。

次子杨小冬是北京大学社会学学士和哥本哈根经济学院管理学硕士，现任职于外企；他有二子，长子悠然、次子凯文。

三子赵萌，出国前就读于北京联合大学外语学院，旅居丹麦，现任北欧爱华协会常务副主席；他有二子二女，长子彪彪、次子乐远、长女心路、次女乐妍。

人间大道，生生不息。我和杨勋养育这三儿九孙，体现了"天地之大德曰生"（《易经》）的中华传统文化。

二十六、道法自然、回归自然

1999 年，我在办理完离休手续之后，做了一个重要的决定，从北京迁移到祖国自然生态环境最佳之地——海南岛，以享受生命之"三宝"。洁净的空气、充足的阳光、高质量的饮用水，是生命之"三宝"。这"三宝"，是大自然赐予人类的最宝贵的礼物，但在工业化、现代化以及高科技化的猛烈冲击下，它们变得日益稀缺。居住在高污染的大城市的人们，只有付出高额的成本，才能迁往远郊区享受残缺的"三宝"。一百多年来，地球上出现过经济难民和政治难民。近几十年来，又增加了一种难民——逃离生态环境恶劣之地的生态难民，而且其数量日益增加。我从北京迁移到海口市（联合国世界卫生组织称之为"中国省会以上城市中空气质量最佳之地"），在一定程度上，就根源于生态难民的心态。

　　长期流行的"科技万能"论，使许多人产生盲目乐观情绪。其实，科技乃至高科技，只能给人类带来日常生活的方便与高效，却不能带来可持续的身心健康的生活，唯有"道法自然"的思想和行为，才能将人类导向美好的未来。人们可以在室内安装制冷或制暖设备，以缓解酷热或严寒的煎熬，却改变不了酷夏和严冬的大环境，还可能染上由这些设备引发的疾病。

　　我崇尚中国先秦道家的"道法自然"（俄文翻译为"真理遵循自然"）理念。这一理念，既包含"人本"思想，又超越"人本"思想，它把人类与大自然的和谐作为人际和谐的基础，从而使人类的生存和发展具有优化的可持续性。

　　人类的弱点，就是囿于眼前利益和局部利益，而忽略了长远利益和全局利益，私欲膨胀、急功近利、贪得无厌的思想和行为，导致大自然对人类越来越大的惩罚。天灾大都由人祸所引发，人类若不及时醒悟，必将跌入自掘的陷阱。

　　多年来，我生活在海口优异的自然生态环境之中，探索着道、儒两家（二者有不少相通之处）以及中外哲人高明的理念，净化着自己的灵魂，从事着力所能及的自己感兴趣的活动，真可谓其乐无穷也！

第二部分

文章自选

一、 读《绞索勒着脖子时的报告》

——为纪念"在烈火与热血中得到永生"的人们而写的书 *

　　这一本著作最近荣获世界保卫和平大会常设委员会的特别荣誉奖金。作者是捷克著名作家和烈士——尤利斯·伏契克同志。当希特勒法西斯占领时期，作者忘我地为党为人民进行了艰苦复杂的地下斗争；不幸于 1942 年 4 月被捕，经过不可想象的严刑拷打和威胁利诱而坚贞不屈的伏契克于 1943 年 9 月被杀害于柏林。《绞索勒着脖子时的报告》就是作者在卓越的地下工作者——A. 克灵斯基（任监狱看守）供给纸和铅笔的帮助下写成的。

　　《绞索勒着脖子时的报告》记下了他的狱中生活和思想，是政治性与艺术性高度结合的典范。应当指出：杰出的战斗风格是这篇著作最突出的特点；对敌人不可调和的尖刻讽刺和对自己事业的无限信心贯彻着全书的每一个字。

　　用作者自己的话可以说明是什么力量驱使作者在那样恐怖的法西斯监狱里写出这部不朽的著作：

　　"……不要忘记！不要忘记善人和恶人。耐心地搜集那些为着自己和为着你们而牺牲了的人们的证据。现在将成为过去，人们谈论伟大的时代

---

　　* 有幸收集到这篇发表于半个多世纪前的短文。它表明，21 岁的我，确是一个富有理想主义精神的热血青年。可惜，随着年龄的增长，这种可贵的精神，在"不断成熟"的名义下，逐渐衰退了。

和谈论创造历史的无名英雄的一天一定到来。……让那些在战斗中的牺牲者使你们觉得像朋友，像祖国，像你们自己那样亲近吧！"

当法西斯野兽们对伏契克施以惨无人道的酷刑时，他从心底发出了这样的声音：

"可是我仍然还是不能死去。妈妈，妈妈，为什么我生得这样强健呢？"这是大无畏的共产主义者的充满人性的呼声。"我爱生活，并且为着它的美而去战斗。……我为欢乐而生，为欢乐而死，在我的坟墓上安放悲哀的安琪儿是不公正的。"这是对生命的歌颂，对革命事业的欢呼！

同时，作者也歌颂了那些自己所目睹的英雄的形象。他们之中，有的穿着敌人的制服，冒着非常的危险，"为的是不让在系着锁链的今天和自由的明天之间的联系中断"。有的在平时谦逊而不为人注意地工作着，而当不幸被捕时，他们在严刑之前紧闭着嘴唇；临死时，他们纯朴地说："不要怜悯我，……我做了工人的义务所责成我的一切，我没有叛变这个义务而死去。"有的在临赴刑场时向同志们告别后，对特务刽子手们说："你们一点办法都没有的。我们的人牺牲了不少，但最后被粉碎的仍然是你们。"总之，他们都是真正的人；他们考虑的不是自己，而是集体；他们为今日的战斗和明日的欢乐而生活着；他们是共产主义的千千万万的英雄——不朽的人们。

作者的《狱中日记》在1943年9月8日以后，就不能继续写下去了，法西斯匪徒们夺去了他那充满热情和勇气的生命。作者最后警告我们：

"人们，我是爱你们的！你们可要警惕啊！"

当帝国主义者还存在的时候，一切特务匪徒们是不会甘心死去的。伏契克教导我们认识敌人，仇恨敌人，同时更要警惕敌人。这一点也是我们不能轻易放过的。

（发表于1951年1月14日《人民日报》）

二、驳"四人帮"在劳动报酬形式问题上的谬论*

新生资产阶级分子王洪文胡说过:"搞计件工资、计时工资、奖金,这不是关心群众生活,这是对工人阶级的莫大侮辱。"

我国广大劳动人民确实受到了"莫大的侮辱",但不是来自"搞计件工资、计时工资、奖金",而是来自欺压群众、愚弄群众,不顾群众死活的"四人帮"。王洪文之流公开反对马列主义的基本原理,反对社会主义,却以工人阶级的代言人自居,真是反动至极。

那么,"四人帮"为什么要在劳动报酬形式问题上大放厥词、胡言乱语呢?其罪恶目的何在呢?

列宁说,人类从资本主义只能直接过渡到社会主义,即过渡到生产资料公有和按劳分配。(见《列宁选集》第 3 卷第 62 页)可见,没有生产资料公有和按劳分配,也就没有社会主义。生产资料公有和按劳分配之间有着不可分割的内在联系,生产资料公有是按劳分配赖以产生和存在的根本经济前提。按劳分配作为社会主义公有制在个人消费品分配方面的必然要求,对公有制的存在和巩固起着重大作用。"四人帮"肆无忌惮地诋毁和破坏按劳分配这个原则,就是为了破坏生产资料公有制,搞垮社会主义,

---

* 40 多年前发表的这篇文章,在当时产生了相当大的影响。据《人民日报》理论部负责人说,此文若按规定报批,就发表不出来了。出乎我的意料,全国二十多家报纸全文转载了这篇文章,海外的一些报刊也摘要加以转载。

搞垮无产阶级专政。

"各尽所能，按劳分配"是社会主义的原则，这是马克思、恩格斯、列宁、斯大林和毛主席明确肯定了的结论，也是众所周知的常识。披着"革命左派"外衣的"四人帮"要明目张胆地否定按劳分配，确有诸多不便。于是，他们利用社会主义的劳动报酬同资本主义的工资在形式上的相似，大肆攻击体现按劳分配的社会主义劳动报酬形式，以达到否定按劳分配的罪恶目的。

要正确贯彻和实现"各尽所能，按劳分配"的原则，就必须坚持政治挂帅和物质鼓励相结合，以精神鼓励为主，物质鼓励为辅，而且要有一整套相应的劳动报酬形式，并在实践中正确地运用这些形式。这本来是人所共知的道理，也是无可非议的道理。"四人帮"却不分青红皂白，把体现按劳分配的劳动报酬形式一脚踢开，一律斥之为"对工人阶级的莫大侮辱"。这表明，他们的反革命狂热已经达到了既不顾事实也不顾逻辑的程度。

为了彻底批判"四人帮"否定社会主义的劳动报酬形式，进而否定按劳分配的反革命谬论，有必要认真研究我国现阶段的劳动报酬的形式。

在我国现阶段，按劳分配是通过工分、工资、津贴等劳动报酬形式来实现的。劳动报酬形式的多样化，不决定于人们的主观意愿，而决定于一系列的客观条件。生产资料公有制两种形式的并存，各部门、各单位在技术水平和经营管理水平上的差异，各工种消耗体力、脑力的程度和操作过程的不同特点，以及国民经济的发展所面临的种种问题，都是决定劳动报酬形式多样化的因素。

抽象的真理是没有的，真理总是具体的。任何事物的合理性，是相对于一定的时间、地点、条件而言的。这个道理对劳动报酬形式也是完全适用的。

任何一种体现按劳分配的劳动报酬形式，都有它的特殊性，都有自己的或大或小的适应范围和适应程度。正确地认识各种劳动报酬形式的特殊性，并在实践中采取相应的措施，妥善地加以运用，就能获得良好的效果。反之，如果对某些企业或工种不适当地采用了某种劳动报酬形式，或者没有采取切实有效的措施（如没有规定合理的劳动定额和产品质量验收制度等）来保证某种劳动报酬形式的正确贯彻，就会产生某些不良后果。

比如，计时工资是一种适应性很广的劳动报酬形式。但是，如果在执行中有缺点和错误，也会产生平均主义或高低悬殊的破坏按劳分配的不合理现象，对革命和建设造成不良后果。"四人帮"反对按劳分配，也反对计时工资。他们控制的帮刊《学习与批判》就在"批判"《二十条》时胡说："所谓按能力强弱、贡献大小进行分配，就是公开宣扬为钞票而劳动，……这种按功论赏原来是维护修正主义大官们的利益。"可见，"四人帮"所反对的，是包括计时工资在内的一切体现按劳分配的劳动报酬形式。前面摘引的王洪文在一次小型秘密会议上否定计时工资的狂叫，只不过是比他们的帮刊说得更露骨一点而已！

又如，计件工资的特点决定了它的适应范围小于计时工资，而且随着生产过程的日益现代化，它的适应范围将进一步缩小。但是，它仍然不失为实现按劳分配的一种劳动报酬形式，不能一概加以否定。列宁和毛主席对计件工资都不是采取简单否定的态度。对某些工种来说（如以手工劳动为主的搬运装卸工等），在一定的条件下，实行计件工资是比较适宜的。"四人帮"往往别有用心地把计件工资和计时工资绝对对立起来，其实，作为实现按劳分配的劳动报酬形式，二者之间并无本质的区别。根据二者的特点，实行计时工资与计件工资相结合，以计时工资为主，计件工资为辅，是适合我国当前的情况的。原上海市委写作组按照"四人帮"的旨意组织编写的《社会主义政治经济学》，给计件工资扣了好几条"罪状"，其实，那些"罪状"同计件工资没有必然的内在联系，而是由其他原因引起的。比如，在不适宜采用计件工资的工种或企业采用了计件工资，或者在执行过程中缺乏切实有效的措施，都会引起不良后果。

再如，作为实现按劳分配的一种补充形式，在特定的范围和一定的限度之内实行必要的物质奖励，可以弥补基本劳动报酬形式的不足之处，更好地贯彻按劳分配原则。在实行计时工资、而调整工资的周期又比较长的情况下，正确地实行奖励，对生产所起的促进作用表现得更为明显。在工资水平比较低的情况下，正确地实行奖励，对调动群众的社会主义积极性和改善群众的生活有着不可忽视的作用。"四人帮"控制的舆论工具散布了一个十分荒谬的公式：奖金＝奖金挂帅。他们给奖金制度宣判了许多吓人的"罪状"。十分明显，正如利润不是利润挂帅一样，奖金怎么就是奖金挂帅呢？这是连形式逻辑也不顾了嘛。

现实生活是多样的、复杂的，任何一种社会主义的劳动报酬形式，即使是适应性较广的劳动报酬形式，也不可能全面地解决个人消费品分配中错综复杂的问题。为了切实有效地贯彻按劳分配原则，全面地解决个人消费品分配中的各种问题，必须坚持政治挂帅，而且有一整套相互制约、相互补充的劳动报酬形式。不仅如此，劳动报酬形式还要随着生产力的发展和生产关系的变革而相应地发生变化。

必须着重指出，采用任何一种劳动报酬形式，都应当同时做好思想政治工作，否则，就不能取得应有的良好的效果。既要实行社会主义的经济政策，又要进行共产主义的思想教育，这就是现阶段我们应取的辩证唯物主义的态度。"四人帮"大搞唯心主义和形而上学，他们把某种劳动报酬形式在适应范围和适应程度上的局限性，说成是按劳分配本身的缺陷，甚至把由于执行不当所产生的不良后果，也说成是按劳分配本身的问题。"四人帮"的世界观和方法论，是为他们的反革命的政治目的服务的。"四人帮"动不动就扣帽子、打棍子，大施法西斯淫威。"搞计件工资、计时工资、奖金"，既然是"对工人阶级的莫大侮辱"，当然也就是"反革命"了。好厉害的大帽子！的确，在"四人帮"横行时期，从理论上探讨一下劳动报酬形式问题，或者到基层生产单位调查一下这个问题，都是冒着很大危险的。现在，"四人帮"连同他们的"帽子工厂"和"钢铁工厂"，都彻底完蛋了，我们可以而且应当用科学的态度从理论和实践的结合上来认真研究和解决这个问题了。

在社会主义阶段，肯定还是否定按劳分配，这是坚持还是背离社会主义道路的原则问题，是重大的理论是非问题。毛主席亲自主持制定的党的八届六中全会《关于人民公社若干问题的决议》指出："继续发展商品生产和继续保持按劳分配的原则，对于发展社会主义经济是两个重大的原则问题，必须在全党统一认识。""四人帮"诋毁和否定按劳分配，是他们颠覆无产阶级专政、复辟资本主义的反革命阴谋的一个重要组成部分。对此，必须痛加批判，彻底肃清其流毒。

从社会主义革命和社会主义建设的利益出发，正确地选择和运用劳动报酬形式，对于实现按劳分配具有重大的意义。我们应该在实践的基础上，不断总结经验，使劳动报酬形式日益完善，更好地实现按劳分配，妥善地解决个人消费品分配中的各种矛盾，调动一切积极因素，以促进社会主义革命和建设事业的发展。

（发表于 1977 年 11 月 22 日《人民日报》）

三、 我国当前劳动就业的几个问题 *

　　劳动就业是一个重大的经济问题和社会问题。任何一个国家，不论它属于什么社会制度，都不能不重视劳动就业问题。资产阶级的经济学家和社会学家，都把劳动就业作为一个特别重要的问题来加以研究。我们劳动人民当家作主的社会主义国家，理所当然地应当比资本主义国家更重视劳动就业问题的研究和解决。

　　但是，在极左思潮影响下，劳动就业问题不仅被忽视，有时甚至被抹杀。"中国不存在人口问题！""中国不存在失业问题！""中国不存在社会问题！"在这类"禁令"的淫威下，人口学、劳动就业理论成了禁区，社会学被扣上"资产阶级伪科学"的帽子。然而，客观存在着的事实是抹杀不了的。大批城镇劳动力要求就业，现有企事业单位人浮于事，劳动效率低下，农村劳动力也明显多余。现在，劳动就业已成为举国关注的一个突出问题。

　　粉碎"四人帮"以来，党和政府十分重视劳动就业问题，近三年来，千方百计地安置了约 2000 万人就业，对促进安定团结和改善人民生活起了很大的作用。但是，由于多年来积压的问题太多，国民经济还没有调整就绪，因此，解决劳动就业问题，还是一项长期而艰巨的任务。

　　劳动就业不是一个孤立的问题，导致劳动就业问题尖锐化的原因是多

---

　　* 这篇文章对破除"铁饭碗""大锅饭"的旧体制，起了重要的带头作用。《人民日报》编辑部在第一版为此文做广告："今天本报在第二版发表中国人民大学赵履宽副教授的重要文章。"

方面的。长期以来，林彪、"四人帮"的破坏，以及我们在劳动就业制度、人口、所有制结构、经济结构、教育等重大问题上的政策失误，是劳动就业问题尖锐化的根源所在。下面，我们就来探讨一下这些问题和劳动就业的关系，以及如何从这些方面来促进劳动就业问题的解决。

"统包统配"制度（"铁饭碗"制度）与劳动就业

什么叫劳动就业？劳动者和生产资料相结合，并取得相应的报酬或收入，以满足自己的生活需要，这就是劳动就业的概念。按照这个概念，劳动力的数量相对大于生产资料的数量，一部分劳动力就会失业；生产资料的数量相对大于劳动力的数量，一部分就业岗位就会空缺。这些，本来是经济学的常识。但是，这些年来，像劳动就业这样一个简单的概念也被搞乱了。

从五十年代末期起，在"穷过渡"和"共产风"的影响下，我们对城镇劳动力逐渐推行"统包统配"制度，到十年浩劫期间，发展到所有城镇劳动力统由国家包揽，人为地把劳动就业门路搞得越来越窄，基本上只剩下了一条劳动就业的路子。这就是由国家按照高度统一集中的程序，硬性往全民所有制单位和带有全民所有制性质的"大集体"企业安置待业人员，而劳动者一旦在全民所有制单位就了业，就等于终身"保了险"，干好干坏都不影响自己的就业地位。按照这种制度，用人单位和要求就业的人员不能进行互相选择，劳动力也不能在合理的范围内流动。广大群众形象地把这种"统包统配"比喻为"铁饭碗"制度。

二十多年的实践证明，"统包统配"制度有着严重的弊病：它腐蚀着全民所有制单位职工的思想，降低了职工队伍的素质；它不利于全民所有制单位改善经营管理，提高劳动效率；它堵塞了人尽其才的通道，造成人才的严重浪费；它助长了待业人员单纯依赖国家安排的消极思想，挫伤了他们自谋就业出路的积极性；它使城镇集体所有制单位的职工和个体劳动者长期不安于自己的就业岗位，总想换取"铁饭碗"；它在几千万全民所有制单位的职工和几亿其他劳动者之间制造矛盾，造成不安定的因素。可见，"统包统配"制度是非改革不可了。

把"统包统配"等同于劳动就业，这是限制和歪曲了劳动就业的科学含义，在理论上是站不住的，在实践上是有害的。根据我国现阶段的生产力发展水平和生产资料所有制结构，不仅全民所有制单位和集体所有制单位的职工属于就业人员，而且城镇个体劳动者也属于就业人员。只把全民所有制单位的职工算作就业人员的观点，是没有道理的。当前，我们应当积极创造条件，改革"统包统配"的劳动就业制度，逐步实行符合我国国情的劳动就业制度，即实行在国家统筹规划和指导下，劳动部门介绍就业、自愿组织起来就业和个人自谋职业相结合的制度，把国家的需要、用人单位的要求和个人的专长合理地结合起来。只有这样，才能把我们的劳动就业制度搞活，使劳动就业问题逐步得到解决。

人口与劳动就业

要实现充分就业，就必须使劳动力的数量和生产资料的数量相适应。劳动力是人口中最重要的组成部分，劳动力的数量取决于人口的数量和人口的年龄构成。因此，在生产资料数量既定的条件下，要使劳动力的数量适应生产资料的数量，就必须对人口进行合理的控制。

长期以来，我们片面地宣传"人多是好事"，在计划工作中无视制约着人类社会生活的根本性比例关系——人口生产和物质财富生产之间的比例关系，致使我国的人口增长过快，十年动乱期间更是大幅度猛增，完全失去控制。1949 年我国人口估计为 5.4 亿，1979 年底增长到 9.7 亿，30 年间人口的年平均增长率超过了 20‰，与此同时，我们的国民经济从 1958 年以来增长缓慢，有时甚至停滞倒退。这就是我国劳动就业问题尖锐化的根源所在。

粉碎"四人帮"以后，党和政府十分重视人口问题，采取一系列有效措施，在控制人口方面取得了显著的效果。但是，我们决不能因此放松人口控制工作。要知道，我们是一个人口基数很大的国家，稍微放松一点，新增人口的绝对数就很大，从而给以后的劳动就业造成困难。我们应当把人口和劳动就业两个问题有机地结合起来，通盘加以规划和解决。从长期来看，合理控制人口，是从根本上解决劳动就业问题的必要前提。从近期来看，合理控制我国的人口，降低出生率，既可减少"人口投资"，即减少用于新增人口的开支，又可增加就业投资，为待业人员创造更多的就业岗位，缓和当前劳动就业的矛盾。

所有制结构与劳动就业

生产资料所有制的结构（各种类型的所有制在国民经济中所占的比重）必须适应生产力的水平和结构，即必须适应生产力的总水平及其在地区之间、部门之间和企业之间的不同发展水平。但是，多年来，我们在所有制问题上搞"穷过渡"，不适当地强调"一大二公"，强调集体所有制向全民所有制过渡，强调小集体所有制向大集体所有制过渡（1976年和1965年相比，集体所有制企业的就业人数占全国总就业人数的比重，由23.9%下降为20.9%），对城镇个体经济则采取了限制和取缔的政策。这就使我国的所有制结构和生产力总水平及其结构严重脱节，从而给劳动就业造成了很大的困难。

在我国生产力发展的现阶段，集体所有制有着很大的生命力和优越性。一般来说，除了对国计民生有重大影响，技术构成和生产社会化程度很高的部门和企业适于全民所有制之外，其他许多部门和企业更适于集体所有制，因为集体所有制能更紧密地把职工的个人利益和企业的利益联系起来，更有利于调动职工的生产积极性。从劳动就业的角度来看，在同量投资的条件下，集体所有制企业比全民所有制企业能够容纳更多的就业人员，这已经为多年来的大量事实所证明。那种认为全民所有制无条件地比集体所有制优越的传统观点，是不符合客观事实的，在理论上也是没有根据的。

城镇个体经济也是一种不可忽视的所有制形式。它作为全民所有制和集体所有制的必要补充，将会长期存在，并对国计民生发挥积极的作用。从劳动就业的角度来看，城镇个体经济也有着重要的地位。1953 年，我国城镇有 900 万个体劳动者，占当时职工人数的一半。但在 1958 年"跑步进入共产主义"和 1966 年开始的十年浩劫之后，城镇个体劳动者就只剩下15 万人，能提供大量就业岗位的一种所有制形式就这样被消灭了。实践证明，城镇个体经济对提供就业岗位、增加社会财富和满足人民需要，起着重要的作用。那种把个体经济等同于资本主义并加以消灭的做法，是完全错误的。

看来，为了增加劳动就业岗位、促进国民经济的发展，必须使我国的集体所有制经济有很大的发展，使不剥削他人的城镇个体经济有适当的发展。在我们社会主义国家里，所有制结构对劳动就业的制约作用很大，因此，要解决劳动就业问题，就必须首先在所有制结构问题上做文章，使所有制结构有利于扩大就业门路，增加就业岗位。

经济结构与劳动就业

我们这里所说的经济结构，指的是国民经济各部门之间的比例关系。经济结构合理与否，对劳动就业影响很大。一个国家的经济结构是否合理，主要看它是否适应生产力的发展水平，是否有利于扩大劳动就业和改善人民生活。

长期以来，在"以钢为纲""优先发展重工业"方针的影响下，我国形成了不合理的经济结构，重工业的比重一再增大，轻工业、商业、服务业的比重一再缩小。这种不合理的经济结构，大大限制了就业岗位的增加，为解决劳动就业问题制造了困难。一般说来，重工业技术构成高，容纳的就业人员少；轻工业、商业、服务业技术构成低，容纳的就业人员多。据统计，每百万元固定资产容纳的就业人员，重工业为 90 多人，轻工业为 250 多人。商业、服务业的技术构成更低，同量固定资产所能容纳的就业人员更多。为了广开就业门路，增加就业岗位，就必须对我国重工业长和轻工业、商业、服务业短的经济结构加以调整。

建立合理的经济结构，要从国情出发。根据我国人口多、物力资源不足（相对于人口和劳动力）、投资能力小等特点，一方面应当发展某些技术构成和劳动生产率高的部门和企业；另一方面更应当大力发展技术构成低、劳动密集、能容纳较多劳动力的部门和企业。

建立合理的经济结构，还要考虑到我们在国际市场上的竞争条件。和经济发达的资本主义国家相比，劳动力多，工资成本低，拥有传统的手工艺技巧，是我们的有利条件。据此，我们应当多发展那些在国际市场上有广阔销路的劳动密集的工业产品，尽可能做到"日用品手工艺化，手工艺品日用化"。这样做，既可以扩大劳动就业，又可以增加外汇收入。

教育与劳动就业

随着科学技术和生产力的发展，教育在经济发展中的作用日益重要。教育的这一作用，主要是通过提高劳动力的质量从而对劳动就业产生积极的影响而得以实现的。

劳动力的数量和劳动力的质量是两个不同的概念。劳动力的数量是指达到一定年龄的劳动者的人数。劳动力的质量是指劳动者的德育、智育、体育水平。从经济学的观点来看，劳动力的质量主要是指劳动者的技术、业务水平。我们通常所说的劳动力资源（人力资源），包括劳动力的数量和质量两个方面。一个国家的劳动力总资源等于该国的劳动者人数和劳动者的平均技术、业务水平的乘积。我国劳动力的数量很多，但劳动力的质量较差。据工交部门对2075万名职工的调查，80％的职工只具有初中以下的文化水平。因此，只有普遍地提高劳动力的质量，我国劳动力数量多这一潜在的优势才能变为现实的优势，我们也才能自豪地宣称，我国在世界范围的经济竞争中拥有强大的人力资源优势。提高劳动力质量的主要途径，就在于发展教育事业。

在科技和生产力发展的当今时代，生产过程对劳动者提出了越来越高的要求，不具备一定的文化、科学、技术水平，劳动力就不能和现代化生产资料相结合，就不能顺利地就业。因此，教育对发展经济和扩大就业所起的作用也越来越大。

从解决我国劳动就业问题的角度来看，通过教育来提高劳动力质量，创造就业的主观条件，是一个十分紧迫的任务。目前，我国的待业青年不仅文化科学水平低，而且绝大多数人都没有掌握一种专门的技能，这给解决劳动就业问题造成了很大的困难。许多劳动力没有事情干，许多事情又没有合格的劳动力去干，这是我国相当普遍地存在着的现象。克服这种不合理的现象，很大程度上要取决于教育的发展。

解决劳动就业问题，除了需要普遍提高劳动者的文化科学水平之外，还必须使劳动力的结构（不同地区、不同部门、不同工种、不同技术水平和熟练程度的劳动力，在劳动力总数中所占的比重）和经济结构相适应。为此，我们必须对教育进行改革，使教育结构适应经济结构，使教育体制适应就业体制。在改革教育方面需要做的事情很多，其中最紧迫的，对解决劳动就业问题关系最大的，就是改革中等教育制度，大大增加职业技术教育的比重，多办专业学校、职业学校和技工学校。

以上，就是当前我们要解决的劳动就业的几个理论问题和实际问题。

　　从根本上解决劳动就业问题，实现充分就业，这是我国在现代化建设过程中面临的一项艰巨的任务。我们应当坚定信心，发挥社会主义制度的优越性，稳步地向充分就业的目标迈进。

（发表于 1980 年 8 月 19 日《人民日报》）

四、论人力资源开发 *

（一）中国的振兴取决于人力资源的开发

中华人民共和国建国 45 年来，在各方面都取得了不小的成就，但是，至今还没有摆脱贫穷的地位，人均国民生产总值排在世界第 100 位左右。这一严酷的现实与拥有五千年灿烂文化、960 万平方公里国土、12 亿人口的东方大国的"身份"是很不相称的。

中国进行改革开放以来的 15 年，是建国 45 年中最佳的时期，但是，前进的道路上还存在着许多困难和问题，诸如失业、通货膨胀、分配不公、以权谋私、道德滑坡、犯罪率上升等等。这些问题的存在，必然制约着人的积极性和创造性的发挥。

那么，从何入手才能切实有效地解决上述困难和问题呢？我认为，当务之急，就是要切实抓住人力资源开发这一根本大业。

第二次世界大战以后，一些国家和地区实现了经济腾飞，它们的成功经验，引起人们的关注。其中，新加坡、韩国、中国台湾等后进国家和地区的"经济奇迹"，受到人们的特殊重视，各国经济学家、社会学家、政治学家、历史学家争相研究它们的经验。

---

　　* 此文写于多年前，但文中的一些论述，并未过时。

为什么上述后进国家和地区能够用 40 年的时间完成欧美先进国家百余年时间才能完成的工业化和现代化任务？对于这个问题的回答，是多种多样的，仁者见仁，智者见智，都有一定的道理。

我认为，导致上述后进国家和地区取得经济奇迹的原因，是多方面的，但是，其中最重要的原因，是它们卓有成效地开发了人力资源。这一结论，涉及一个新的重要的观念。我们可以把这一新观念概括为"人的素质至上"。它的主要内容是：第一，物力资源是有限的、日趋减少的，而人的潜力是无限的、日益增长的；第二，现代化包括物的现代化和人的现代化，而后者比前者更为重要；第三，人的素质包括智力素质和非智力素质（包括信念、道德、意志、毅力等）两个方面，二者之间存在着相互促进、相互制约的关系。

这一新观念在经济和文化落后的、以体力劳动为基础的传统农业社会是不可能产生的。以工业化为主要内容的现代社会是这一新观念得以产生的客观基础。因此，第二次世界大战之后，这一新观念在世界上取得了日益广泛的共识。中国实行改革开放以来，这一新观念正在为越来越多的人所接受。可以断言，这一新观念必将在中国大陆转化为巨大的精神力量和物质力量。

如前所述，卓有成效的人力资源开发，是上述后进国家和地区取得经济高速增长的主要原因。这里，我们有必要进一步探究：这些国家和地区的发展速度为什么高于欧美发达国家的发展速度？诺贝尔经济学奖获得者、美国经济学家西蒙·库兹涅茨（Simon Kuznets）的人类共享"知识宝库"论，有助于对此做出解释。他认为：后进国家和地区无须处处依靠本身的发明创造来发展经济，而可以充分吸收和利用全人类的"知识宝库"（科学技术和经营管理等方面的知识），以高于早期工业化国家的速度实现经济增长。

但是，后进国家和地区吸收和利用"知识宝库"，必须具备一个先决条件，即劳动力人口受过良好的教育，具有较高的智力素质和非智力素质，而这又要求教育事业（包括正规教育和职业技能教育）的大发展。否则，对后进国家和地区来说，"知识宝库"如同不可充饥的画饼。

这里，我们面临着一个更深层次的问题，即发展教育事业、开发人力资源的宏观社会环境问题。

由美国经济学家舒尔茨（T. W. Schultz）和贝克尔（G. S. Becker）等人创立的"人力资本"理论，较好地论述了微观层次特别是个体层次的人力资源开发问题，但很少涉及人力资源开发的宏观社会环境问题，即社会经济—政治体制问题。

（二）中国人力资源能否得到有效开发取决于经济体制改革的成败

有一位伟人说过：就推进科学技术事业的发展而言，社会的需求胜过十所大学。这一论断，也适用于教育事业和文化事业。世界历史表明：以个体手工劳动为基础的封建社会，对科技文教的需求是很有限的；以机器大工业为基础的资本主义社会，对科技文教有着比封建社会大得多的需求；以高科技产业为基础的资本主义后工业化社会，对科技文教有着巨大的需求。

科技文教的发展主要决定于社会需求这一客观规律，在中国也得到了印证。在改革开放以前，建立在计划经济体制基础上的中国社会，对科技文教的需求，从总体上看，长期处于萎缩状态（国防领域除外），"读书无用"论广为流传。据最近有关部门的抽样调查，中国有 2.2 亿文盲人口，约占 13 岁以上总人口的四分之一，占全世界 15 岁以上文盲人口的四分之一，这是计划经济体制给我们留下的可悲的遗产。

计划经济体制对中国人力资源开发的直接制约，主要表现在以下两个方面：

第一，在计划经济体制下，原则上不允许个人拥有生产资料和金融资产，个人只能拥有微不足道的消费资料和个人存款。1978年全国城乡居民的银行存款只有40亿元人民币，每人平均不到1美元。这就是说，人类所固有的、通过开发自身的体力和智力资源来改善生活的合情合理的动机，基本上被以行政垄断为特征的计划经济体制掐死了。

第二，在计划经济体制下，以"铁饭碗"（非竞争性的就业制度）、"大锅饭"（平均主义的收入分配制度）、"单位所有制"（具有人身依附色彩的、限制人员流动的用人制度）为主要特征的劳动人事制度，严重地窒息了就业者的积极性，打击了谋职者的主动性。这一制度还培植了一大批以"混"为处世哲学的、既无工作动力又无工作压力的"铁饭碗"领取者，他们与那些没有领到"铁饭碗"的人相比，堪称计划经济体制内的"幸运儿"。"大锅饭，养懒汉，出笨蛋。"这是中国老百姓对旧的劳动人事制度的深刻批判。

可见，不用市场经济体制取代计划经济体制，中国的科技文教事业就不可能得到长足的发展，中国的人力资源就不可能得到有效的开发。

体制改革既包括经济体制改革，也包括政治体制改革，而且二者之间存在着相互促进相互制约的关系。一般来说，这两大改革应当大体同步推进。中国在改革的前期阶段，把经济体制改革置于优先地位，使人们不断地获得改革的实惠，进而增强对改革的信心。实践表明，这种"渐进式"改革模式，是行之有效的。

（三）健全的劳动力市场是开发人力资源的经济杠杆

如前所述，中国人力资源的开发，主要取决于经济—政治体制的改革，特别是取决于劳动人事制度的改革。15年来，中国的经济市场化取得了很大的进展。但是，应当看到，在人、财、物三大要素市场中，有关"人"的市场——劳动力市场（人力市场）发育最差，处于严重滞后的状态。导致劳动力市场发育滞后的原因：一方面，在理论上存在着认识误区，诸如"劳动力不属于劳动者个人所有，而属于公有""作为生产要素的劳动力不是商品，因而社会主义国家只有劳务市场，而没有劳动力市场""职工是国家的主人，不可能自己雇用自己"，等等。这些"左"论，长期禁锢着人们的头脑，致使劳动力市场的开放和培育步履艰难。另一方面，在现实生活中，人满为患、效率低下的现象随处可见，正是这个最大的实际问题，严重地制约着劳动人事制度的改革。

所幸，1993 年中共十四届三中全会《中共中央关于建立社会主义市场经济体制若干问题的决定》，从理论上澄清了有关劳动力市场问题的认识误区，加之以往的劳动人事制度改革也取得了可喜的成果。因此，现在应当是加大劳动人事制度改革的力度、开放和健全劳动力市场的时候了。

为了开放和健全劳动力市场，我认为，当前应进一步明确以下三个问题：

第一，关于劳动力的载体与劳动力本身的区别和联系问题。

由于劳动力与它的载体——劳动者不可分离，因此，无论在国内还是在国外，人们往往把劳动者与劳动力相混淆，并导致理论上的混乱。其实，这二者的区别是客观存在的，承认和重视二者的区别，具有重要的理论意义和实际意义。劳动者作为劳动力的载体，并不是商品，而是公民。劳动力是劳动者体力和智力的总和，它在市场经济条件下，作为一种生产要素必然是商品。

劳动力不是一般的商品，而是特殊商品。劳动力的载体与劳动力本身的区别和联系，决定了劳动力商品"买卖"关系的特殊性。劳动力的"买卖"关系，实质上是一种租赁关系，劳动力"买卖"双方所得到的和所失去的，只是一定的时间、地点、条件下的劳动力使用权，而不是劳动力的所有权。在市场经济条件下，劳动力不仅天然地属于劳动者个人所有，而且，这种所有权受到法律的保护。劳动力即人的劳动能力，归劳动者个人所有，这是劳动者最重要的经济权利，是劳动者的其他经济权利的基础，也是人权的重要组成部分。限制劳动者对自身劳动力的所有权，意味着对劳动力的超经济强制，意味着无视人权。

从理论上把劳动力的载体与劳动力本身加以区别，就可以纠正社会上流行的一些不科学的术语，例如，应将"人才市场"纠正为"人才劳动力市场"，将"劳工市场"纠正为"普通劳动力市场"。要知道，在劳动力市场上进行交换的，不是"人才"和"劳工"，而是人才和劳工的劳动力。只有在奴隶制条件下，人——奴隶本身才成为买卖的对象。

第二，关于劳动力市场的行为主体问题。

有人把劳动力市场理解为劳动力供求双方进行交换的场所，这是一种望文生义的误解。准确地说，劳动力市场指的是劳动力供给主体与劳动力需求主体之间交换关系的总和。对于现代市场经济来说，交换的场所不是主要的因素，因为高科技的信息传输系统已经大大降低了交换场所的重要性。就现代劳动力市场而言，以法律为供求行为准则的市场主体（表现为自然人和法人）的确立，以及劳动力市场功能的正常发挥，才是至关重要的。

确认劳动力市场的行为主体——独立承担民事法律责任的劳动力供给者和劳动力需求者，是建立和健全劳动力市场机制的前提条件。在计划经济体制下，劳动力属于公有即属于本"单位"所有，劳动者与本"单位"之间存在着某种人身依附关系。计划经济体制下的企业，同样不具有独立的法律地位，它只不过是政府的附属体，只能被动地接纳政府按行政手段配给的劳动力资源。可见，在计划经济体制下，企业不是能承担民事法律责任的真正的法人，劳动者不是自身劳动力的主人，因而也不可能真正成为国家的主人翁。所以，为了培育劳动力市场，当务之急，就是要从法律上和事实上确认劳动力的供给方和需求方这两个主体的独立地位，舍此，就不可能有真正的劳动力市场。

第三，关于劳动力市场的功能问题。

劳动力市场的功能，在于通过市场公平竞争机制来配置劳动力资源。为了使劳动力市场正常地发挥其功能，必须妥善处理以下三个相互联系的问题：

首先，劳动力供求双方之间必须形成竞争性的、公平的双向选择关系，而且这种关系须得到法律的保护。考虑到劳动者个人在双向选择中通常都处于弱者的地位（这在我国劳动力供给远远大于需求的情况下表现得更为突出），因此，工会应当作为职工利益的直接代表者，积极参与双向选择。工会作为劳动力供给方的代表，与企业进行集体谈判，这是发达市场经济国家劳动力市场成熟化的一个标志。对此，我国的工会工作者应认真加以研究，并根据我们的国情，改革工会体制，以适应市场经济的要求。

其次，劳动力的价格（完全的工资）应基本上决定于劳动力的供求关系，政府要逐渐减少直至最终取消对企业工资支付的干预。至于国家立法机关制定最低工资标准，则属于合法的劳动保护举措。

最后，现代市场经济与原始市场经济的区别之一，就在于政府的适当干预——政府的宏观调控。由于劳动力天然地以人为载体，因此，劳动力市场的供求关系不能不受社会心理、文化传统、意识形态、宗教信仰等非经济因素的影响。这就要求政府通过货币政策、财政政策和收入分配政策进行适当干预，以达到降低失业率、缩小过大的收入差距、维护社会安定的目的。一般来说，政府对劳动力市场的干预程度，与劳动力市场的发育程度呈反比。

注：所谓人力资本，就是人们为获得劳动就业所必须具备的知识和技能所做的投资。人力资本有狭义和广义两种解释：狭义的人力资本，就是人们为接受教育（包括正规教育和职业技术教育）所做的投资；广义的人力资本，除了包括上述教育投资外，还包括为保障身心健康、为获得劳动力市场信息、为流动到更有利的工作点所做的投资。人力资本的所有权，通常属于个人，人力资本以个人为载体，它最终形成劳动者个人的知识和能力。

（发表于 1995 年 1 月《经济问题探索》）

五、谨防对国有企业改革进程的扭曲、
干扰和拖延*

在党的十五大刚刚开过、改革形势再一次高涨的时候，迎来了《改革》杂志创刊十周年，特向《改革》杂志表示衷心的祝贺！

《改革》杂志创刊十年来，始终为促进我国改革事业的发展，尽心竭力，做出了自己的贡献。更加难能可贵的是在改革事业遭遇挫折的困难关头，它不仅仍然能坚持为改革鼓与呼，而且越办越好，几乎年年都能提出一些改革前沿理论与令人深思的重大问题。我衷心祝愿《改革》杂志在新的形势下，做出新的贡献。

当前，根据党的十五大精神，要把改革引向深入，加快国有企业的改革仍然是当务之急。但是，国企改革至今并未取得突破性进展，已成为公认的老大难问题。

为什么国企改革的历程如此艰难？人们可以列出种种原因，诸如冗员过多、债务率过高、社会负担过重、组织机构臃肿（大而全、小而全）、管理不善、内部人控制等等。的确，这些都是国有企业改革步履维艰的原因。但是，上述问题长期得不到解决这一事实本身，就说明国有企业改革长期滞后的根本原因不在于此。我们必须找到隐藏在上述原因背后的深层

---

* 此文于多年前提出的下述观点，曾被国内外报刊摘引："中国改革面临的最大危险，在于改革可能以不彻底的结局告终，形成事实上的半计划半市场经济体制。"后来，颇受国人尊敬的经济学家吴敬琏拓展了这一观点，产生了相当大的影响。

次的根本原因。我认为，陈旧观念及其利益载体对国有企业改革进程的扭曲、干扰和拖延，是国有企业改革长期滞后的根本原因。这种扭曲、干扰和拖延的主要表现形式就是：口头上拥护十四届三中全会提出的十六字原则，行动上却不去落实；用新瓶装旧酒的手法使改革"走样"（如翻牌公司）；以"渐进"为理由迟迟拖延攻坚，致使"双轨制"长期化、制度化。

早在80年代后期，国内外有识之士就指出，中国改革面临的最大危险，不在于倒退回旧体制——没有一种社会力量有胆量有能力担此"重任"，而在于改革可能以不彻底的结局告终，形成事实上的（不是文件上和口头上的）"半计划半市场经济体制"（有人称之为"严重扭曲的市场经济体制"）。在这种畸形体制下，两套根本对立的比赛规则及其评价标准同时存在，相互交叉，相互制约。这样，就全社会而言，"无规则游戏"比比皆是。"双轨制"的长期化和制度化，是当前社会上广泛存在的以权谋私（权力寻租）、信用滑坡、监管失灵等现象的体制性根源。"双轨制"的既得利益者用计划经济体制所特有的垄断性行政权力在发育低下的市场上翻云覆雨，兴风作浪，大发横财。老百姓对此恨之入骨。

为了排除陈旧观念及其利益载体对国有企业改革进程的扭曲、干扰和拖延，必须从理论上、政策上彻底清除以下几个认识误区：国有企业的数目越多、在社会总产值中占的比重越大，就意味着社会主义因素也越多越大；产权多元化等于私有化；国有资产流动等于国有资产流失；一些国有企业在市场竞争中被淘汰，意味着国有经济的削弱。这些似是而非的观念之所以能长期流行，一个重要的原因，就是将计划经济体制下国有企业的职能与市场经济体制下国有企业的职能混为一谈。其实，这两类国有企业有着不同的职能。前者是政府的附属组织，是行政权力垄断体制赖以运行的基层单位，政府对它承担着无限责任。后者则作为政府的宏观经济调控工具，发挥着促进社会经济生活的安全、稳定和持续发展的职能。因此，市场经济体制下的国有企业，无须参与一般竞争性的经济领域，而只需参与关键性的和特殊性的经济领域。也就是说，只有在难以用市场来配置资源的领域、市场配置资源会导致自然资源和经济资源浪费的领域以及某些特殊领域（国防、公益、尖端科技、造币、特种药物等），才有必要发展国有企业，包括国家独资和控股企业。可见，国有企业改革，首先要解决的，就是重新定位问题，即从一般竞争性领域退出来，特别是尽快使这一领域内的中小企业转为民有民营企业。有些属于一般竞争性领域的国有大型企业，一时难以完全退出，则可以分阶段逐步退出。

有人担心，国有企业从一般竞争性领域退出以及用公司制、股份合作制的组织形式对国有企业进行改造，会削弱以至动摇"以公有制为主体"这一社会主义经济基础。其实，这种担心是完全多余的。在我国现阶段，"以公有制为主体"是依靠以下三个条件而确立的：第一，《中华人民共和国土地管理法》规定："中华人民共和国实行土地的社会主义公有制，即全民所有制和劳动群众集体所有制。"土地是一个国家最重要的物力资源，土地公有制在很大程度上决定了"以公有制为基础"的法律地位。第二，国家控制着关键性的经济领域。第三，劳动群众集体所有制（合作制）的广泛存在。

国有经济正确定位，是国有企业改革的前提条件。在此前提下，国有企业还必须按照十六字原则进行改革。十六字原则中最重要的是"产权清晰、政企分开"两条，而正是这两条最难落实。为什么？原因就在于政治体制改革滞后。

举世公认，中国采取的先经济后政治、先农村后城市、先体制外后体制内、先易后难的渐进改革路线，减少了改革的阻力，保证了社会的稳定，成就辉煌。但是，正因为采取先易后难的改革路线，致使攻坚改革任务留到了最后。现在迫切需要解决的，就是落实十六字原则，进行制度创新，建立现代企业制度。

计划经济体制是经济从属于政治的体制。在这种体制下，作为政府附属体的国有企业所存在的"政资不分"（政府用行政手段直接控制企业的资产）和"政企不分"（政府用行政手段直接干预企业的内部事务）问题，既涉及经济体制，也涉及政治体制。因此，当前国有企业改革的攻坚目标，必须靠政治体制改革特别要靠转变政府职能来实现。对此，邓小平于1986年9月曾做过精辟论述："不改革政治体制，就不能保障经济体制改革的成果，不能使经济体制改革继续前进。"

（发表于1998年1月《改革》）

六、对劳动关系的哲学思考

——从中华先秦传统文化中汲取滋养*

1973 年，我有幸参与根据周恩来总理的建议成立的工资理论研究小组的研究工作，从此就与劳动科学结缘。粉碎"四人帮"之后，我遵照良师益友于光远的建议，创建了中国劳动工资研究会（1982 年合并入中国劳动学会），随后又在中国人民大学创建了劳动经济研究室和劳动人事学院。回顾 30 多年结缘劳动科学的历程，我为劳动科学在我国强劲的发展深感振奋。《中共中央 国务院关于构建和谐劳动关系的意见》的发布，必将大大推动我国劳动科学的发展和劳动关系的完善。下面，我从哲学的视野，对构建和谐劳动关系，谈一点粗略的看法。

（一）劳动平等

社会主义的核心内容，是社会平等，而社会平等的核心内容是劳动平等。何谓劳动平等？我认为，劳动平等主要包括以下内容：在劳动面前人人平等；等量劳动（数量和质量）获取等量报酬；对丧失劳动力者给予适当的关怀。长期以来，国人误将社会主义视为源于海外的"舶来品"，其实，两千多年前的墨子就发出高论："赖其力者生，不赖其力者不生。"这

---

* 我国文化领域的复兴，是"中华民族伟大复兴"最重要的组成部分。此文第一次公开发表。

个"力"，既指体力，也指智力；这个"生"，既指生存，也指发展。墨子还说："兼相爱，交相利"。我们有理由运用哲学大师冯友兰的"抽象继承法"，将墨子奉为"社会主义之鼻祖"。

（二）劳动至上

长期以来，世界上流行过种种"至上"，诸如"皇帝至上""国王至上""教皇至上""天皇至上""元首至上""领袖至上""白人至上"等等。这些"至上"，从实质上看，都是"权势至上"。老子在两千多年前就指出："用人之力，是谓配天，古之极"（《道德经》第六十八章）。这就是说，充分发挥人力（劳动者）的积极性，符合自然规律（配天），体现了自古以来至上之道。近代经济学大师威廉·配第说："劳动是财富之父，土地是财富之母。"这就是说，作为主体的劳动者（人力资源）与作为客体的土地（泛指自然资源）的有机结合，就能创造出人类赖以生存和发展的财富。这个有机结合的过程，正是劳动过程。可见，从全人类的福祉看，劳动至上，天经地义。

（三）人和至要

两千多年前，受到孔子赞扬的管子，最早提出"以人为本"的理念。此后，孟子进一步提出"天时不如地利，地利不如人和"的理念。天时，主要指基于自然规律的大环境；地利，主要指当下的地理环境；人和，主要指和谐的人际关系。管子的人本理念，孟子的人和至要理念，具有重大的理论价值和现实意义。我们中国人为有管子、孟子这样伟大的先哲而感到自豪。

（四）趋中致和

人们经常追问：什么是中华传统文化独有的核心理念？答案多种多

样，见仁见智，至今未取得共识。本人抛砖引玉，谈一点看法。

作为中华文化之根的先秦"诸子百家"，曾经就自然、人性、仁爱、良知、民本、中道（中庸之道）等根本性的问题，提出过精辟之论，但我认为，儒家的中道，堪称中华传统文化独有的理念。孔子说："君子中庸，小人反中庸"。孔子还说："中庸其至矣乎！民鲜能久矣！"可见，孔子把中道视为评价善恶是非的最高标准。子思（孔子之孙）进一步发展了孔子的中庸之道，提出"致中和"理论，把中道与社会和谐紧密相连，即唯有"中"，才能"和"。中道反对一切形式的极端主义，要求人们的思想行为趋中致和。在人类思想史上，古希腊哲人亚里士多德也论述过中道，但其深广度远未达到孔子和子思的水平，而且在西方未得到传承。在中道问题上，道家和儒家之间也存在某种共识。老子说"多言数穷，不如守中"。长期以来，海内外学者好奇地探究：什么原因使中华文明成为世界古文明中唯一未曾中断的文明？人们举出种种原因，但我认为，最重要的原因，是中华儿女根深蒂固的中道理念。的确，中道既是社会安定和谐的润滑剂，也是避免争斗双方两败俱伤的良方。

综上，构建和谐的劳动关系，既有利于中华民族的伟大复兴，也有利于世界各国人民的和平共处。

（写于 2016 年，此前未公开发表）

七、自然秩序高于人为秩序 *

自然生态的平衡及自然资源的循环再生是最根本的自然秩序

两千多年前的老子，用"道法自然"来表明自己崇尚自然的朴素信念。老子认为，道"生而不有，为而不恃，长而不宰"，即主张顺应自然，反对征服自然。尽管老子的思想中包含有某些消极因素，但他的"道法自然"思想是有强大生命力的。

德国"社会市场经济"模式的理论奠基者艾哈德教授，曾给我们留下一句精辟的话："自由不可能存在于没有秩序的地方，在那里，自由必然转化为混乱；秩序也不可能存在于没有自由的地方，在那里，秩序必然转化为专制。"的确，这句话辩证地表述了自由与秩序之间相互制约的关系。我赞赏艾哈德的智慧，但又觉得他的话意犹未尽。要知道，世界上存在着两种秩序——自然秩序和人为秩序，而艾哈德并未区分这两种秩序。

自然生态的平衡以及自然资源（水资源等）的循环再生，是最重要的根本性的自然秩序，对这种秩序的任何破坏，必然会受到加倍的惩罚。我国1998年的大洪灾，就是长期破坏自然生态所结出的恶果。据专家揭示，

* 我特别重视这篇短文，因为它从哲理的高度明示了我的人生观、学术观和世界观，表述了我在人文和社会科学领域的基本倾向。此文首次提出"符合人性"的秩序也属于自然秩序这一新观念。

1998 年长江洪水总量远远小于 1954 年 7 月至 8 月的长江洪水总量，但由于此后掠夺式地砍伐森林，导致水土流失，加之，急功近利的围海围湖造田，使我国的水循环系统遭到严重破坏，这一切与 1998 年的大洪灾不无关系。

符合人性的自然秩序具有强大的生命力

长期以来，人们关注的自然秩序，只能称之为狭义自然秩序，即没有人类活动参与的自然秩序，但我认为，广义的自然秩序还应包括符合人性的自然秩序。

人是大自然的产物，自从地球上出现人类之后，以人性为依托的自然秩序也就形成了。凡符合人性的秩序，就是有强大生命力的自然秩序，而一切违反人性的人为秩序，最终都会被人们所抛弃。在人类历史上，违反人性的人为秩序，诸如奴隶制、农奴制以及某些"现代野蛮"制度，曾盛行一时，不可一世，但在历史的长河中，它们毕竟只存在于"短暂的一瞬"。数千年来，人类从人身依附关系逐步转化为自愿互利的契约关系，就是符合人性的自然秩序不断取得胜利的必然历程。

自然秩序高于人为秩序，但人在自然秩序面前，不是无能为力的，而是大有可为的。一切遵循自然生态平衡和自然资源再生规律的人类行为，一切符合人性的人类行为，都是合情合理的，因而能够经受住时间的考验和实践的检验。从长远的历史眼光看，遵循自然生态规律与符合人性之间，是完全一致的"天人合一""天遂人愿"关系。

市场经济体现了符合人性的自然秩序

计划经济体制中的"计划"一词，与本来意义上的计划一词，二者的含义毫无共同之处。斯大林在本世纪 30 年代初期公开宣称，苏联共产党和苏维埃政府制定的计划就是法律。事实正是如此，斯大林模式的计划经济体制，实际是一种行政权力垄断体制，即按照自上而下的行政命令运行的体制。这一体制建立在下述暗含的理论假设之上，即政府是全知全能的，它在经济管理中不会犯错误。显然，计划经济体制的运行机理和理论假设，是违反人性的，因而最终会被符合人性的经济体制所取代。与此相反，市场经济体制的基本特征，是产权明晰，公平竞争，互利契约（法律）。它建立在下述理论假设的基础之上：每一个自然人和法人都有权利追求自身的利益，从而满足自己的需要。可见，市场经济体制的运行机理和人性假设，是符合人性的。市场经济体制作为一种自然秩序，不是哪几个了不起的人物设计出来的，而是在亿万群众的长期历史实践中逐步发展和完善起来的，这也正是自然秩序具有强大生命力的根源所在。

（发表于 1998 年 11 月《中国企业家》）

八、人性：人类行为的永恒动机

——为纪念两个三十周年而作*

2013 年，对《中国人力资源开发》杂志和中国人民大学劳动人事学院来说，具有特殊的意义：发刊近三十周年，建院三十周年，而这两个近乎同龄的单位之间有着亲密合作的关系。我作为两个三十周年的见证人，心潮澎湃，愿在论述人性问题的正文之前，说几句开场白。

记得在 1984、1985 年，出于劳动人事学院教学的急需，我不自量力，写了《人事管理学概要》（劳动人事出版社 1986 年公开出版），这是中国内地第一本人事管理学教材。像我这样一个既缺乏人事管理理论知识、又缺乏人事管理实际经验的人，在特定的历史阶段，滥竽充数，竟成为中国内地人事管理学（后改称"人力资源管理学"）的初创者，每思及此，深感愧疚。三十年过去了，人力资源管理学在我国已茁壮成长为包括大专、大本、硕士、博士全系列的专业和重点学科。对此，我衷心地为我国从事人力资源管理的教学科研工作者和实际工作者感到骄傲。

下面，让我们来探讨人性这个既古老又常新的问题。

何谓人性？这个问题，从两千多年前开始争论，至今还没有取得共识。在当今世界的语言文字中，"人性的优点""人性的弱点""人性的光辉""人性的丑恶"等词语，比比皆是，但极少有人直截了当地定义人性

---

* 我重视此文，因为它表达了我对"人性"这个重大问题的观点。

或表明自己的人性观。

从古至今，关于人性的讨论大致可区分为四类，即性善论、性恶论、半善半恶论（"一半天使一半魔鬼"）、无善恶论，四者同时并存。这种情况，既令人无所适从，也助长各取所需。

对人性问题的探索，我国春秋战国时期的哲人所达到的高水平，明显地超过当时西方文化发源地古希腊哲人所达到的水平。古希腊最杰出的三位哲人苏格拉底、柏拉图、亚里士多德，十分重视对知识和理性的探索，但较少涉猎人性问题。英国哲学家休谟以他的《人性论》（其核心观点：人性即人的自利性），推进了西方对人性问题的研究。西方的人性论，对抗的是欧洲中世纪宗教神权统治，用人性取代神性，因而成为欧洲文艺复兴的一块理论基石。中华传统文化的奠基者们，在两千多年前对人性问题的高水平论述，令人惊叹叫绝。孟子论证"性本善"的逻辑推理所达到的高水平，古今中外的性善论者无人可及。告子在与孟子辩论时所提出的"食色，性也"以及"性无善恶"的观点，具有重大的理论价值和现实意义。告子的观点与两千年后马克思、恩格斯在《德意志意识形态》中提出的人性即"人的需要"的观点颇为相似。荀子对性恶论的论述及其对后天教化的高度重视，也有其独特的价值。管子对人性有着别具一格的论述："人之情，见利莫能勿就，见害莫能勿避。"孔子的人性观，既简明，又深刻。他说："性相近也，习相远也"。长期以来，人们误解了孔子的人性观，说他也主张"性本善"。其实，孔子十分严谨，不直接为人性定善恶，只是确认"性相近"，即确认人类所有个体的本性是相近的，因此，个体之间才有可能相互沟通和理解，才有可能"己所不欲，勿施于人"。至于人与人之间的种种差异，孔子归因于每个人后天环境的不同。因此，孔子十分强调"习"（社会教化与个人修身）对提高人的素质的极端重要性。老子并未直接论述人性问题，但他的"道法自然""上善若水"等观念，表明他的思想境界大大超越于同时代的诸子百家，也超越古今中外的人本主义和人道主义。的确，在当今世界，老子的影响越来越大，他堪称生态环境优先理念与和平和谐至上理念的当之无愧的始祖。

多年来，我不断思索人性问题，深知为人性下定义十分困难，未敢轻举妄动。而今，在"坐八望九"之高龄，愿抢在语无伦次之前，勉强为人性下一个定义，以期收到引玉之效。我认为："人性就是人的自然性需求与社会性需求的结合；满足人的自然性需要，是维护人的生命和生存的必要条件，因而它是人所共有的、近似的需要；人的社会性需要通常是在自然性需要得到满足之后产生的需要，即包括精神、文化、宗教、政治等方面的需要，因而它在人与人之间有着较大的差异。"

在我国极左路线肆虐时期，人性问题的探讨成为禁区，谈人性色变。当时，"人的社会性"概念，被"人的阶级性"概念所偷换。从1957年反右派斗争到改革开放的二十年间，意识形态主管部门规定了人性的标准表述："无产阶级的阶级论和资产阶级的人性论，是无产阶级同资产阶级根本对立的两种世界观""只有具体的人性，没有抽象的人性""在阶级社会里，只有带着阶级性的人性，而没有超阶级的人性"。这种用具体的人性否定抽象的人性、用个体的阶级性否定人类所共有的人性的观点，实际上就是否定人性本身。

极左路线用人的阶级性篡改人的社会性，甚至用"突出政治"和政治态度来划分阶级、区分敌我。极左路线还有一个特点，就是忽视老百姓的自然性需要，致使老百姓长期在"短缺经济"中过着困苦的生活，现在55到60岁及以上的人，对此都有惨痛的回忆。

从一定意义上说，管理特别是人力资源管理的最高境界，就是遵循自然规律和社会规律，顺应人性，乐在其中。《易经》有云："天地之大德曰生"。爱惜生命，保障民生，满足人的自然性需要和社会性需要，应成为管理者特别是人力资源管理者的崇高目标。

综上所述，人性，是人类行为永恒的动因，是人文社会科学的根本性出发点，更是人力资源管理学直接的理论基础。

（发表于《中国人力资源开发》2013年18期）

九、关于 21 世纪人力资源开发的几个问题*

种种重要迹象表明，在 21 世纪，人与物的关系，将发生根本性的变化：人力资本将大大超过物力资本；无形资产将支配有形资产；报酬递减法则将被报酬递增法则所取代；物对人的统治将被人对物的统治所取代。总之，人力资源开发，将成为富民强国的首要条件。为了弄清人力资源开发的关键性地位，本文提供几点"随想"，就教于读者。

（一）21 世纪的主流趋势——人的价值的全面提升

在人类跨入 21 世纪门槛的历史性时刻，人们对 21 世纪的主流趋势，交织地存在着种种疑虑和希望。关于 21 世纪的主流趋势，国内外有识之士做了不少论述，看来，高科技和全球化两条，是许多人在这个问题上所取得的共识。但我认为，这两条不能从根本上揭示 21 世纪的主流趋势，只有从"人本身"才能找到这个问题的答案。要知道，人既是高科技的载体，又是全球化的载体。那么，什么是 21 世纪的主流趋势呢？人的价值的全面提升，才是 21 世纪的主流趋势。人的价值的全面提升，既取决于人的智能水平和道德水平的提高，更取决于社会（经济、政治、文化）制度环境的优化。

---

　　* 此文被中国人力资源开发研究会评为一等奖。多年前为撰写这篇三千字的文章，我参阅了大量海内外有关文献，文章的观点，并未过时。

人的价值的大小，主要表现为人享有的各种权利（经济权利及其他社会权利）的大小。人的价值的大小，是判断一个国家文明程度的重要标准。社会文明程度越高，人的价值就越大；社会文明程度越低，人的价值就越小。

人的价值的全面提升，是人类对未来持乐观态度的主要根据。人类与动物的根本区别，就在于人类能够从实践中总结成功的经验和失败的教训。20世纪人类在科技领域取得的进步和引发的风险，是巨大的，在政治、经济、文化、生态、环保等领域应吸取的经验教训，更是不容忽视的。但历史告诉我们：从长远的视角来看，真理强于谬误，正义强于邪恶，后人强于前人，未来优于现在。对此，我们应当充满希望和信心。人类追求幸福的欲望，是不可抑制、不可抗拒的。

（二）21世纪的主导性经济——知识经济

纵观世界文明发展史，农业文明、工业文明、知识文明是人类文明发展的三个阶段。在许多国家，这三种文明往往是并存的。当然，三者的比重，各国之间差别很大。就我国而言，现在经历着两个转变，即从农业文明向工业文明的转变以及从工业文明向知识文明的转变。我们可以把这两个转变视为两个层次的现代化，这样，可以使我们对现代化的复杂性和艰巨性有更深刻的认识。

对应着上述三种文明，人们的主要欲望倾向也有所不同。在农业文明的条件下，人们倾向于追求特权，而权力斗争通常表现为你死我活之争。在工业文明的条件下，人们倾向于追求物质财富，即在商品交换中按零和游戏的规则，实现你输我赢的"等价交换"。在知识文明的条件下，人们倾向于追求知识，而知识具有无限扩展、可广泛共享两大特性，因而报酬递减法则被报酬递增法则所取代，进而实现"双赢""多赢"的"你有我有"。从"你死我活"到"你输我赢"，再到"你有我有"，这是人类文明发展的划时代的进步历程。知识文明的到来，标志着人类开始进入较高层次的公平竞争的新时代。

知识文明的基础是知识经济。知识经济就是"以知识为基础的新经济"（海外流行的定义），即以知识的获取、加工、积累、传播、应用为基础的新经济。知识经济和新经济具有相同的内涵和外延，二者可以等同使用。

世界经济发展史表明，各生产要素对经济发展的重要程度，大体依循着以下顺序：体力、土地、自然资源、资金、科技、知识，农业文明主要对应着体力和土地，工业文明主要对应着自然资源和资金，知识文明主要对应着科技和知识。美国前总统克林顿说："新经济的燃料是科技与知识。"

对"新经济"做了重要论证的经济学家保罗·罗默（Paul M. Romer）指出：在新经济的条件下，只有知识及知识的来源——新观念，最具有成长的潜力。看来，掌握最新的、观念层次的知识，对于个人、企业和其他任何组织，都是至关重要的。

知识经济有着巨大的能量和超常的发展速度，因此，从全球范围来看，它已成为21世纪的主导性经济。认清这一点，对于我国的人力资源开发，进而对我们的富民强国大业，有着重大的意义。

（三）21世纪的成功之道——创新

诺贝尔经济学奖得主熊彼特在半个世纪前指出，企业家的创新，对企业经济的增长起着决定性的作用。熊彼特所说的创新，涉及企业生产和经营的各个方面，任何对生产要素进行的新的更有效的整合，都是创新活动。企业家担任着企业活动的"导演"角色，因而受到熊彼特的特殊关注。但应当看到，近几十年来，创新活动越来越扩展到企业的其他员工。不仅如此，由于经济与政治、法律、道德之间存在着紧密的内在联系，因此，创新不仅涉及经济领域，而且涉及政治、法律、文化等领域。

从可操作的实用的角度，我们可以把创新分为科技创新和制度创新两大类。科技创新借助于专利制度而在一定程度上实现了"量化"，因而受到广泛的认同和重视。但是，正如科学泰斗爱因斯坦所说的，有些重要的东西无法计算，有些能计算的东西又不重要。的确，制度创新对经济发展和社会进步所起的积极作用是巨大的。科技创新给人们带来"方便"，制度创新给人们带来合理的人际关系和社会秩序。这两类创新之间存在着相辅相成、相互促进的关系：制度创新可以为科技创新提供自由的宽松的社会环境，科技创新可以为某些制度创新提供技术上的可操作性。当然，对于正在从计划经济体制向市场经济体制转轨的国家来说，在转轨完成之前，制度创新显得更为紧迫。

在 21 世纪知识经济的条件下，创新的速度，是一个关系到事业成败的尖锐问题。英特尔公司创始人戈登·摩尔认为，微处理器的执行能力每18～24 个月可增加一倍，而费用可保持不变。就是说，人们可以按相同的价格获得两倍的功能。这就是著名的"摩尔定律"。微软公司创始人比尔·盖茨据此宣称"微软离失败永远只差两年"。可见，在新经济的条件下，高速创新导致成功，否则，就可能导致失败。

现代世界史表明：科技创新正以几何级数的高速度跃进，而经济层面的体制的变革却相对滞后。这种脱节，必然引起某种混乱。因此，经济领域的改革，是各个国家和地区都面临的任务，它不仅是从计划经济体制向市场经济体制转轨国家的当务之急，也是其他国家的长期任务。

创新和激励之间存在着紧密的联系，即激励导致创新。大量心理测验表明：是否受到激励以及受到多大程度的激励，这对于人的积极性和创造性的发挥，有着巨大的影响。这一现象，乃人性，即"人的需要"（马克思）所使然，它深深地扎根于人性之中。据此，企业和其他组织在设计"激励—创新"方案时，可以运用各种"需要理论"，诸如五层次需要理论、双因素需要理论等。不同类型的人与不同种类的激励之间存在着错综复杂的对应关系，把握好这种对应关系，对于充分发挥各类人员的积极性和创造性，有着重大的意义。例如，成功企业家的创新活动主要受以下三种心理因素的影响：第一，实现个人的梦想（爱好、兴趣）；第二，证明自己比别人做得更好；第三，在创新活动中获得乐趣。

（发表于 2001 年 5 月《中国人力资源开发》）

十、我国当前面临的三大问题

——2008 年对博士研究生的专题报告*

为什么讲这个题目？因为博士生必须关注这个题目。就人文社科领域的博士生而言，关注重大问题，与他的社会责任感相关联，甚至与他对人类前途命运的关怀相联系。

上个世纪 90 年代，我读过一本书——《关键时刻：当代中国亟待解决的 27 个问题》。这本书值得一读，但它缺乏概括性，因而也缺乏理论性。老子的《道德经》有云："少则得，多则惑"。为达到"少则得"的效果，我把当前中国面临的众多问题，概括为三个，即制度改革问题、生态环境保护问题、道德重整问题。

1998 年 10 月 21 日，我在《中国改革报》发表文章，把当时中国面临的重大问题概括为两个，即广义的人口问题（人口的数量和质量、劳动就业、社会保障等）和体制改革问题。10 年过去了，这两个问题，依然存在，但根据新的情况，有必要做新的概括。

下面，分别谈谈我国当前面临的三大问题。

（一）制度改革问题

什么是制度？定义不少，但我认为，诺贝尔经济学奖得主诺斯所下的

---

　　* 这三大问题，不仅当前要认真对待，而且需要长期关注。

定义，简明而精确。他认为，制度是社会的游戏规则，是指导人们相互作用的约束性规则。

人类社会的制度，主要是指经济制度和政治制度，其他一些制度大都派生于这两大制度，特别是派生于经济制度。

历史表明，市场经济是人类在长期交往中自发形成的一种经济制度，迄今为止可能是最佳的经济制度。诺贝尔经济学奖得主哈耶克认为，市场经济制度可以使地球上正常生存的人口达到最大数量，其他经济制度则达不到这个数量。为什么市场经济具有这么大的优势？因为它符合人性，即符合"人的需要"（马克思对人性的定义），符合人"趋利避害"的需要（先秦管子对人性的概括）。

历史还表明，市场经济制度对经济的发展和人民生活水平的提高，起着十分重要的作用。以朝鲜为例，南朝鲜与北朝鲜分治之前，双方的人均收入大体相同，分治55年之后，实行市场经济的韩国的人均收入为16 100美元，实行计划经济的朝鲜的人均收入为1000美元。再以中国为例，1956年至1976年期间，职工的工资长期冻结，粉碎"四人帮"前夕，国民经济已濒临崩溃的边缘，而推行市场化改革之后，国民生产总值有了很大的增长，人民的生活水平也有了显著的提高。

从本质上看，市场经济的规则，是人们在长期博弈过程中，自然而然地产生并逐步完善的，诸如等价交换、期货交易、股票交易、分期付款等，都是自发地形成的，几乎找不到特定的发明人。

市场经济制度的形成，有一个逐渐发育的过程。西方国家的市场经济制度，经历了几百年的发育过程，才发展成为发达的现代市场经济制度，即成长为有发达的产品市场和要素市场的制度。由于种种历史原因，我国现行的市场经济制度，是在改革以行政垄断为特征的计划经济制度的基础上，逐渐演变而来的，它至今尚未达到成熟的发达的市场经济阶段，我国彻底摆脱计划经济制度，是一个长期的艰巨的过程。10多年前，我在一篇文章中，把我国的经济制度称为"半市场半计划经济体制"（不是数字意义上的一半对一半），以表明经济体制改革任务的长期性和艰巨性。

30 年来，我国渐进式的经济体制改革，经历了"国（营）退民（营）进"、民营经济大发展的过程。但最近有些地区出现了"国进民退"的回潮，即出现了一些国企滥用自己的市场支配地位的倒退现象。不久前，全国人大常委会通过了堪称"经济宪法"的《反垄断法》，但必须尽快制定《反垄断法》的配套规章，并严格加以执行，而不是停留在纸面上。总之，克服计划经济体制有形和无形的影响，完善市场经济制度，是当务之急。

政治体制改革，实质上就是政治民主化。民主包含实质民主和程序民主两个方面。实质民主就是：通过和平途径解决分歧，通过全民的智慧纠正错误，以达到人民当家作主的目的。程序民主就是：自由选举，多数当选，少数安全，定期改选，渎职弹劾，以保证实质民主的实现。有人以"目的高于手段"为理由，得出实质民主高于程序民主，后者服从前者的结论。这是一种似是而非的观点。在一般情况下，正当的目的，必须通过正当的手段来实现。程序民主是实质民主得以实现的保证。就公民个人而言，程序民主更是个人的自由和其他权利得以实现的前提条件。

民主政治的核心功效，就是对掌权者的约束。人类历史上的各种政治制度，依其对掌权者约束的程度，大体可区分为君主专制（个人独裁）、寡头专制、君主立宪和民主政治。

为什么必须约束掌权者？这涉及人性问题。先秦时期的孟子和当代西方"性善论"的支持者，都主张"性本善"。孔子只是主张"性相近也，习相远也"，并无"性本善"之说。上面提到的，马克思和管子对人性所做的相近似的概括，也未涉及性善性恶之辨。善恶是对人类行为的价值判断，因此，它不存在于"性相近"阶段，只存在于"习相远"阶段，而且它随着时间、地点、条件的变化而变化。在"习相远"阶段，人的道德和精神境界越高，他就越倾向于行善；反之，人的道德素养和精神境界越低，他就越倾向于行恶。

"权力"是一个怪物，它伴随着人类的产生而产生，并在人的社会生活中起着十分重要的作用。权力是一把双刃剑，道德高尚者可利用它做好事，道德低下者可利用它干坏事。

对待"权力"（不要与"权利"相混淆）这个"潘多拉魔盒"，必须严加限制，否则，为害无穷。19世纪英国历史学家阿克顿（John Acton），由于说过一句放之四海而皆准的话，得以名扬天下。这句话就是："权力使人腐败，绝对权力导致绝对腐败。"

政治体制改革滞后于经济体制改革，是我国制度改革中长期存在的一个现象。当然，按照先易后难的渐进改革路径，政治体制改革在一定时期滞后于经济体制改革，是可以理解的。但是，二者长期脱节，就意味着出了偏差。

民主政治和市场经济有着共同的基础：自由选择和公平竞争。正是这一共同基础，使二者之间存在着相互依赖、相互促进的关系，也就是上层建筑与经济基础之间的关系。但是，关于市场经济条件下民主政治的必然性问题，一直存在着争议。

有人认为，民主政治强调个人自由，必然导致人际关系紧张，矛盾激化，因而不利于社会稳定，也不利于提高经济效益。其实，从长远看，民主政治有利于社会的稳定与和谐，有利于提高以绿色GDP和公平分配为主要标志的社会效益，即有利于提高全体人民的生活质量（可用"幸福指数"来标识）。

（二）生态环境保护问题

生态环境保护包括两个方面：对自然原生态的保护；对人类行为造成的恶劣环境的治理。

工业革命以来，社会生产力有了巨大的发展，但自然原生态和人类的生存环境，也遭到了极大的破坏。这个问题，已引起全世界有识之士的关注。欧洲一些政党将环境保护视为"社会进步的首要标志"。中国环保总局负责人对海外记者说:"自然资源和环境的保护,是中华民族的最后一道防线。"(2007 年 2 月 1 日潘岳答美国《世界日报》记者)

我国当前的生态环境保护,已处于"告急"阶段。空气污染严重,4亿以上的城市居民是恶劣空气的受害者。人均淡水资源远低于世界平均水平,江、河、湖遭到普遍污染。二氧化碳排放量已超过美国,居全球第一,成为众矢之的。原始森林大部分已消失,导致水灾频繁。大面积农地被化学物质污染,后果严重。垃圾成灾,近 700 所城市被垃圾包围,由塑料形成的"白色污染",危害无穷。

生态环境保护,实质上就是人与自然的关系问题。在极左路线盛行时期,急功近利地与大自然为敌,"与天斗,与地斗,与人斗",导致自然生态和人类生存环境的大破坏。改革开放以来,在相当长一段时期内,GDP "挂帅",生态环保被忽视。现在应当是扭转这种局面的时候了。

1985 年,国外一些持科技至上、科技万能观点的学者,出版了《没有极限的增长》一书。我认为,科技虽然十分重要,但它只解决"方便"和高速问题,而解决不了"方向"问题。人类的光明前途,并非决定于科技,而决定于以"道法自然"为指导的人文精神和终极关怀。

(三) 道德重整问题

什么是道德? 道德是人们的行为规范。人的行为为什么要规范? 回答这个问题,就必须了解道德产生的历史过程。人类在长期的相互交往过程中,逐步感受到"与人方便,自己也就方便"的事实,并进一步认识到,在必要时,每个人都放弃一点自己的利益,使别人得到好处,就会达到"皆大欢喜"的结果。这就是道德产生的历史过程。

追根究底,道德与人性紧密相连。道德的产生,与趋利避害的人性直接相关。脱离人性的"道德",只能是空想的假道德,它起不了道德应起的作用。在我国极左路线盛行时期,以政治取代道德,把道德等同于"政治正确"，这实际上是取消了道德。

任何一个国家，都存在着道德高尚者和道德低下者（我国先秦哲人称之为"君子"和"小人"），但不同国家的平均道德水平是不相同的，如北欧国家的平均道德水平就高于其他国家。当前我国的平均道德水平不容乐观。

为什么标榜"以德治国"的国家会出现道德滑坡？看来，数十年执行"左"倾路线的严重后果，难以在短期内消除。此外，改革开放以来，我国的精神文明建设严重滞后于物质文明建设，这也是导致道德滑坡的一个原因。

道德是一个复杂的有争议的问题，应当引起我们高度的关注，这涉及中华传统文化的命运问题。举世公认，植根于先秦的中华传统文化，在当时，居于世界文化的高峰，在 21 世纪，也堪称世界文化之瑰宝。但是，长期以来，这一优秀的传统文化，不断地遭到打压和诋毁。1978 年改革开放以来，中华传统文化日益受到重视，"国学热"不断升温。看来，中华传统文化的厄运已经过去，幸运正在到来。

一个国家的传统文化，是这个国家的道德之根。因此，中国的道德重整，必须以先秦儒、道、墨三家的理念为基础（墨家堪称人类社会主义理想的先驱），并在此基础上，汲取西方文艺复兴和启蒙运动的文化成果，最终整合成为适应 21 世纪的新道德。

十一、人类普世价值与中华传统文化

——2009年对博士研究生的专题报告*

人类有没有普世价值？

人类有没有普世价值？这是首先必须回答的问题。我的回答是：人类有普世价值。人与其他动物的区别，可以列举出许多条，但我认为，最主要的，人是有理性的动物，他不仅要生存，而且要生存得好，他不仅关注今天，而且关注昨天和明天，他不仅要满足物质需要，而且要满足精神需要。总之，人类为了活得有尊严、有意义，就必须有大家共同追求的普世价值。

古今中外的大思想家，大都热衷于探索生命的意义、人生的价值、人类的前途、人与自然的关系、人与社会的关系、人性与人权等根本性的问题，这就涉及对普世价值的追求。这种追求，往往达到了忘我忘死的境界。孔子曰："朝闻道，夕死可矣！"古希腊大哲学家苏格拉底为自己的理念而毅然赴死，拒绝自己的学生为恩师免死而向统治者求情。为什么这些志士仁人执着于对普世价值的追求？因为普世价值体现着人类向往真、善、美的崇高理想。如果放弃对普世价值的追求，人类将坠入最可悲的深

---

* 此文概括的中华传统文化的六大理念，具有普世性的价值。因此，有五千年文明史的中国人，有责任引领人类迈向和谐世界，为实现孔子的"天下为公"理想而奋斗。

渊，正如英国历史学家汤因比所说，"人类要么互容互爱，要么走向灭亡"。2008 年北京奥林匹克运动会的理念"同一个世界，同一个梦想"，就是对普世价值的确认。

但是，在改革开放 30 年之后，为什么我国会出现批判普世价值这种不正常的现象？我认为，主要原因在于政治体制改革长期滞后，重经济轻政治、重物质需要轻精神需要、重眼前利益轻长远利益的倾向，未得到有效的控制。

普世价值问题，关系重大，决不可等闲视之。对此，我们应当牢记古训："取法于上，仅得为中；取法于中，故为其下。"人类应当有远大的理想，并稳步接近这个理想。

人类呼唤第二个"轴心时代"的到来

两千多年前，地球上出现了人类文化发展的奇观。中国出现了老子、孔子、墨子、庄子、孟子、荀子、管子等为东方文明奠定基础的大思想家。希腊出现了苏格拉底、柏拉图、亚里士多德等为西方文明奠定基础的大思想家。印度的释迦牟尼创立了影响深远的佛教文化。史学家把这个哲人辈出、群星灿烂的时代，称为"轴心时代"。世界哲学史告诉我们，当今人文学科的各种流派，都可以在"轴心时代"的思想库中找到源头。有的学者甚至认为，就对普世价值的探讨而言，人类至今并没有超越"轴心时代"的水平。在"轴心时代"之后，历史上多次出现过思想文化的大倒退，诸如古罗马帝国对古希腊文明的摧残；中国秦始皇的"焚书坑儒"；汉武帝"罢黜百家，独尊儒术"；宋明理学家对儒学的曲解；五四运动"打倒孔家店"；无产阶级文化大革命"横扫四旧"。凡此种种，实际上都是对普世价值的否定。所幸，积累了正反两方面经验的各国人民，越来越认识到，原创于"轴心时代"的一些人文理念，具有普世的永恒的价值。21 世纪的人类，迫切地期望在第一个"轴心时代"的基础上，出现第二个

"轴心时代"。中国人要当仁不让地为此做出贡献。

中华传统文化是 21 世纪普世价值最重要的思想渊源

先秦以儒、道、墨三家为主的中华传统文化，在当时居于世界文化的顶峰。在 21 世纪，它将得到越来越广泛的认同，必将成为普世价值的基石。归根到底，这是由中华传统文化博大精深的内容决定的。

普世价值是人类文明的精华。原创于先秦的中华传统文化，作为世界四大古文明中唯一延绵不断者，必然对人类普世价值的形成和发展，起着特别重要的作用。我认为，中华传统文化所包含的以下六大理念，足以构成 21 世纪普世价值的基石。

第一个理念：道法自然

老子曰："人法地，地法天，天法道，道法自然。"（《道德经》第二十五章），"道法自然"，堪称"以一统众"之"一"，它是认识客观世界和主观世界的指导思想。几百年来，人类所推崇的人道、正义、自由、平等、博爱等理念，与道法自然这个"统众"理念之间，存在着内在联系。十几年前，我在《自然秩序高于人为秩序》（《中国企业家》杂志）一文中，提出"两种自然秩序"的观点：一种是未受人类行为干预或干预无效的自然界；另一种是作为每个自然人都具有的"相近"的人性（孔子主张"性相近"）。"道法自然"，就是以这两种自然为师，遵循万物自然而然的运动规律，不妄为（老子称之为"无为"），以收"为无为，则无不治"之效（《道德经》第三章）。十几年前，我还在广州市劳动学会举办的学术报告会上做了以《道法自然——人文社会学科的首要原理》为题的报告，现在，我不仅坚持这些观点，而且认为，"道法自然"不仅适用于人类社会，而且适用于宇宙万物。

第二个理念：以和为贵

"和"文化在中国源远流长。早在三千多年前，甲骨文和金（铜器）文中，就有"和"字，这是世界上最早出现的"和"符号。老子、孔子、墨子等哲人，都十分推崇"以和为贵"这一理念。老子曰："知和曰常"（《道德经》第五十五章）。这就是说，唯有和平、和谐，才能长治久安。孔子曰："君子和而不同"（《论语·子路》）。这就是说，有道德的人能与他人和谐相处，却不丧失自我与个性。墨子曰："天下兼相爱则治，交相恶则乱。""天下兼相爱，国与国不相攻"（《墨子·兼爱上》）。这可能是世界上最早的和平宣言，墨子堪称人类反战的先驱。正因为有根深蒂固的"和"文化，中国没有发动过对外国的侵略战争。

第三个理念：推己及人

老子曰：圣人"以百姓心为心"（《道德经》第四十九章）。孔子曰："己欲立而立人，己欲达而达人。"（《论语·雍也》）孟子曰："仁者爱人"（《孟子·离娄下》）。"穷则独善其身，达则兼善天下。"（《孟子·尽心上》）我国先秦哲人的"推己及人"理念，在全世界有着很大的影响，其中，"己所不欲，勿施于人"一语，被尊奉为"道德金律"，法国大革命的《人权宣言》就引用了孔子的这句名言。中华传统文化的"推己及人"理念，既包容又超越西方的人道主义理念。

第四个理念：中庸之道

孔子曰："中庸之为德，其至矣乎！"（《论语·雍也》）"君子中庸，小人反中庸。""中立而不倚"（《礼记·中庸》）。老子也主张"去甚"（《道德经》第二十九章），即主张坚持趋中立场，抛弃极端的心态和行为。天下智者所见略同，不仅儒家和道家主张中道，古希腊的亚里士多德也主张中道，并做出重要的发挥。亚里士多德认为，道德行为必须遵循中道，过度与不及皆反中道，因此，为恶易，为善难。他还把中道区分为"绝对的中道"（两端之中点）和"相对的中道"（因人而异的适度——恰到好处）。由孔子、老子最先提出，经亚里士多德发挥的中道理念，在美国"9·11"事件之后，获得空前广泛的认同，被公认为普世价值的重要组成部分。2004年以来，近三百所"孔子学院"在世界各地建立，表明中华传统文化具有强大的生命力，表明人们对中庸之道的特殊重视。

第五个理念：内在的自由

什么是自由？争议颇多：无政府主义者主张毫无限制的自由；"原罪"论的信仰者主张受严格限制的自由；法律至上论者主张法律范围内的自由。有些西方学者认为，中华传统文化缺乏自由理念，特别是缺乏个人自由理念。这是一种误解。

那么，中国传统文化到底有没有自由理念？诚然，先秦诸子的论著中，没有"自由"这个词（中国的其他古文献中有"自由"这个词），但不能由此得出中国传统文化缺乏自由理念的结论。在中华传统文化中，特别是在中国哲学之根——老庄哲学中，有一个"以一统众"的核心概念——自然。它的内涵和外延，比西方的自由概念更深更广。我认为，在一定的意义上，老庄哲学中的"自然"，包容了西方传统文化中的自由，即包容了从外力限制中争得解放的那种自由。中华传统文化更重视内在的自由。大学者胡适把"自然"解释为"自己如此"，把"自由"解释为"由于自己"，并得出"'自由'就等于自然"的结论。（胡适：《自由主义》）在我看来，胡适先生大大限制了"自然"的含义，因为前者包容后者，大于后者。

《道德经》第十七章称："功成事遂，百姓皆谓我自然。"这可以解释为"我自然而然地做到功成事遂"，或"我本来就应当功成事遂"。这里，并没有从外力限制下获得解放的意思，而是一种内在的自得其乐——内在的自由。

老庄哲学中的"自然"（《道德经》五千余言中出现 5 次），不仅指不以人的意志为转移的自然界的规律，而且有"自然而然"或"自己本来如此"的含义。老庄哲学中的"自然"，大大丰富了西方文化所推崇的"自由"。

不容否认，自古希腊苏格拉底开始，西方对自由理念做了具有创新意义的探索，黑暗的中世纪虽有中断，但随后兴起的"文艺复兴"和"思想启蒙"，使自由理念得到与时俱进的发挥。苏格拉底说："自由来自理性，它是理性思考之后的选择。"法国大革命的思想旗手卢梭指出，"人是生而自由的"，"唯有道德的自由，才使人类真正成为自己的主人"。卢梭从"道德的自由"引申出具有世界历史意义的"社会契约论"。无疑，西方的自由理念是普世价值，但决不能否认"我自然"这种内在的自由也是普世价值。准确地说，唯有把西方的自由理念（争取来的自由）与中华传统文化中内在的自由理念（得自内心的自由）结合起来，才能构成具有普世意义的、全面的自由理念。我认为这正是 21 世纪全球化时代人类所需要的自由理念。

自由是与人性、人权有内在联系的一个理念，因而它的普世性是不容置疑的。1948 年联合国的《人权宣言》所标示的人权，包括生存权（生命权）、自由权、追求幸福的权利。此前，推行"新政"（包含一些社会主义因素）的美国总统罗斯福，把自由权扩展为"四大自由"，即言论自由、信仰自由、免于贫困的自由、免于恐惧的自由。

古今中外的历史证明，反对自由，就必然导致专制。市场经济之所以带来高效益，就因为它以自由为基础；民主政治之所以带来和平安定，也因为它以自由为基础。美国《新世纪》杂志请恩格斯用一句话概括马克思的学说。恩格斯就书写了《共产党宣言》中的一句话："每个人的自由发展，是一切人的自由发展的条件。"

第六个理念：民贵君轻

孟子曰："民为贵，社稷次之，君为轻。"

孟子的这句名言，两千多年来，都令人产生振聋发聩之感。人们可以把这句话解读为：人权高于主权，主权高于政权。明朝开国皇帝朱元璋慑于这句话的震撼力，下令查封《孟子》一书，随后迫于民心的压力，删减《孟子》一书的内容，改为删节本。孟子的这句名言，堪称世界上最早的也是最简短的民主理念。很可惜，由于两千多年来中国的皇权专制制度异常强大，孟子的民主宣言未能转化为民主制度。但是，孟子的"民贵君轻"理念，无疑具有普世的价值。

中华传统文化的上述六大理念，为人类的普世价值增添了异彩。

20世纪，人类在物质文明（硬实力）领域，取得了巨大的成就。进入21世纪之后，人们发现，靠硬实力制胜，特别是以武力称霸的势头，已日益衰退，而以人文理念为核心的软实力，将成为世界的主宰。有五千年文明史的中国，应当充分认识自己的文化优势，在和平崛起的道路上奋勇前进。

十二、 发扬中华文化的优良传统
改善人力资源开发的宏观环境

——在中国人民大学劳动人事学院建院 20 周年纪念大会上的发言*

中国既是一个具有五千年历史的文明古国，又是一个正在向现代化转型的新兴国家。任何一个国家要想在世界上立于不败之地，就必须深刻认识和充分利用自己在国际竞争中的比较优势。我认为，中国的比较优势，主要有两条：人力资源潜力巨大；传统文化博大精深。

中国人聪明勤劳，中国的人力资源"价廉物美"，很有竞争力。这一点，已在国际市场上得到公认。我们知道，随着社会文明程度的不断提高，人力资源在经济社会发展中的作用也日益突出，人力资源在 21 世纪必将成为名副其实的首要资源。只要我们通过制度创新和科技创新，不断地改善人力资源开发的宏观环境，我们的国家就会取得持久的、快速的、健康的发展。

优良的传统文化，是我们国家最宝贵的精神财富。什么是中国传统文化的精髓？见仁见智，众说纷纭。依我之见，道家的"道法自然"、儒家的"和而不同"以及"中庸"之道，堪称中国传统文化之精髓。运用大哲学家冯友兰先生的"抽象继承法"，我们可以把老子、孔子的上述光辉思想古为今用，发扬光大。这些优良的传统文化，是我们国家和民族的灵

---

* 此文提出，中国有两大优势，即博大精深的传统文化和数量大质量高的人力资源。只要不断发扬这两大优势，我们就能立于不败之地。

魂，是中国人的精神支柱，是推进我国经济社会发展的最深层、最持久的要素。对此，我们应十分重视，决不可有半点忽视。

"道法自然"具有极高的哲理性，几乎可以覆盖宇宙、地球、社会、人生诸领域。几年前，我从"道法自然"引申出"自然秩序高于人为秩序"的命题，并认为这是人文社会科学的首要原理，是市场经济理论、民主政治理论、经济社会可持续发展理论、自然生态及环境保护理论的哲学基础和伦理学基础，也是人力资源开发最合情合理的人性假设。两千多年前的中国哲人管子认为，人性（"人之情"）就是人类趋利避害之（性）情。马克思说，人性就是人的需要。可见，唯有顺应自然，顺应人性，即满足人的需要，才能实现卓有成效的人力资源开发。

"和而不同"，就是在处理人际关系和矛盾冲突时，力求和平共处、和谐相处、宽容差异。无数事实证明，遵循"和而不同"原则，是实现双赢、多赢的必要前提，这对一个家庭、一个企业、一所学校、一个社区、一个国家乃至国际社会，都是适用的。孔子说："君子和而不同，小人同而不和。"所谓"同而不和"，就是强制命令，强求一律。这种倚仗权势造成的"同"，只是表面现象，人们的内心深处并不认同。"和而不同"原则在人力资源开发中的运用，主要表现为自由选择、公平竞争、保护弱者、兼顾效率与公平，达到人尽其才的目的。我们应当努力营造这样的宏观环境。"中庸"之道，就是在处理各种关系时，取事物两端之"中"，既不"过"，又无"不及"，以避免偏倚和极端。"中庸"是实现"和而不同"的有效途径。在我国极左路线盛行时期，"中庸"之道被误导为"庸俗自保""不讲原则""反对革命"。其实，"中庸"无非是对各方利益的兼顾、对各种权力的制衡，以防止极端化。在现实生活中，任何极端主义的做法，不论是右的极端主义，还是"左"的极端主义，都会导致恶性循环的后果。

20世纪人类在科学技术、物质文明方面取得了巨大的成就，但在人文关怀、精神文明方面显得严重滞后。针对这种破坏性的失衡，国内外有识之士发出呼吁：为了吸取20世纪的教训，为了妥善解决21世纪所面临的种种难题，人类应当特别关注以伟大哲人孔子和老子思想为代表的东方智慧。当前，我们中国人很有必要在深层次的文化领域进行拨乱反正，这是我们对未来对世界的历史责任。在新世纪，我们不仅要争当科技强国和经济强国，更要争当文化强国。

（2003 年 12 月 1 日）

十三、把中国历代哲人的民主思想
转化为现代民主制度*

　　著名哲学家冯友兰先生曾指出，人类思想的发展，存在着"抽象继承"的关系，就是说，任何新的思想观念，都是在前人留下的思想材料基础上发展而成的。冯先生的这一观点，对认清当今世界和中国的民主问题，有着重要的启示意义。

　　长期以来，国内外都存在着一种误解，似乎民主思想的最早提倡者是古希腊的柏拉图和亚里士多德等哲人。其实，比柏拉图早得多的中国思想家管子（约前723年—前645年）曾提出："政之所兴，在顺民心；政之所废，在逆民心。"这可能是人类思想史上最早的民主观。几乎与亚里士多德同时代的孟子（前372年—前289年）曾指出："民为贵，社稷次之，君为轻。"比孟子稍晚的荀子（前313年—前238年）曾提出："君者，舟也，庶人者，水也；水则载舟，水则覆舟。"中国明清之际的思想家黄宗羲（1610年—1695年）在《明夷待访录·原臣》中提出："天下之治乱，不在一姓之兴亡，而在万民之忧乐。"有人认为，黄宗羲的这番宏论，堪称世界上最早的"民权宣言"。这个评价，也许偏高，但黄宗羲的民权宏论毕竟比西方的《民约论》早一百多年，比18世纪末法国大革命时期的《人权宣言》早九十多年。孙中山先生在20世纪初指出："民权为人类进化之

---

　　* 这是2000年我在一次国际研讨会上的发言。

极则。""有了民权，平等自由才能够存在；如果没有民权，平等自由不过是一种空名词。"中共创始人之一陈独秀先生在《孔子与中国》一文中指出："人类社会之进步，虽不幸而有一时的曲折，甚至于一时的倒退，然而只要不是过于近视的人，便不能否认历史的大流，终于是沿着人权民主运动的总方向前进的。"

由上可见，中国历代的哲人对人类民主思想的发展，确实起了巨大的推动作用。可惜，自明清以来，由于实施封锁海疆、限制工商、闭关锁国、禁锢思想等政策，致使中国民主制度的发展长期滞后于浩浩荡荡的世界潮流。本人由此产生了一个想法：就推进人类社会向前发展的动力而言，制度文明比其他文明（物质文明和精神文明）更为有效。我们甚至可以说，不与制度文明相结合的物质文明和精神文明，绝不是真正的文明，而只是文明的扭曲。

言行不一，说得好，做得不好，是许多中国人的一大顽症。何以如此？缺乏制度文明，可能是导致这一顽症的主要根源。自宋朝以来，程颐等人的"先知后行"的知行分离观，长期对中国社会的发展起着消极的影响，比如，孙中山的"知难行易"观，就无助于制度文明的建立和发展。

制度是规则化的人们的行为模式。唯有好的制度，才能从利益和道德两个方面促使人们多做好事、少做或不做坏事，才能使坏人难售其奸。

培根（1561年—1626年）的"知识就是力量"这句传诸四海的名言，鼓舞人们努力追求知识，但不应在知识与力量之间简单地画等号。我国"文化大革命"期间（1966年—1976年），最有知识的"知识分子"成了最没有力量的"臭老九"。原因何在？当时的制度使然。美国经济学家凡勃伦（1857年—1929年）开创的制度学派，给予制度应有的重视，确认制度对社会生活有着决定性的意义。诺贝尔经济学奖得主哈耶克（1899年—1992年）曾尖锐地指出，知识只有与自由相结合，才能成为力量。他在这里所说的"自由"，就是指合理的先进的制度，特别是合理的先进的经济制度和政治制度。

　　总之，中国的当务之急，就是把民主思想转化为民主制度，即把经济民主思想转化为以自由经营、公平竞争为基础的现代市场经济制度，把政治民主思想转化为以公平选举、多数决定、少数安全为特征的现代民主政治制度。

十四、《心路：良知的命运》 序言*

　　杨勋曾打算请一位德高望重的名人为她的这本书作序，但考虑到这本书涉及不少熟人和名人，这可能给作序者带来某些不便，因此，请人作序一事就作罢了。

　　在市场经济和民主政治比较成熟的国家，当一个人决定做某一件重大的事情时，往往会公开说："我有资格做这件事"，以强化自己的决定。想到此，我猛然决定要"与国际接轨"，自告奋勇为这本书写序言。尽管我自认为有资格做这件事，但是杨勋是否接纳这种国人并不习惯的做法呢？所幸的是，她毫不犹豫地接受了我的自荐。

　　为别人的书作序，主要的任务是评价这本书及其作者。我和杨勋共同生活了半个多世纪（2003 年 8 月 6 日是我们的金婚纪念日），更重要的是，我们两人有着大体相同的恶善标准和政治倾向。看来，我不仅有资格，也应当为她的这本书作序。不仅如此，她的这本书还使我放弃了出版我本人自传的机遇。我的一位早年毕业的在学术和事业方面都颇为成功的研究生多次恳切表示，愿资助我出版一本自传，其中将附录我的代表性学术论著。正当我开始为写自传做准备之时，杨勋把这本书的目录、后记及部分手稿交给我。仔细阅读之后，我改变了主意，放弃了写自传的计划。为什

---

　　* 为此书作序，是我笔耕生涯中最乐意之举。2004 年新华出版社发行此书，颇为畅销，至今互联网还提供阅览。美国加州大学伯克利分校选定此书为社会学专业的参考书。这表明，《心路：良知的命运》是一本有生命力的书。

么？不怕不识货，就怕货比货。同杨勋崎岖不平、惊险不断、悲喜交加、富有戏剧性的一生相比，我的经历就显得平淡无奇了。既然如此，何必刻意去做浪费自己和读者时间的事情呢？

公开出版传记，不论是自己写的，还是别人代写的，长期以来，似乎只是"大人物"的专利。在我国极左权势横行时期，不仅经济生活被政治权力控制，而且文化生活也被政治权力控制。在这种情况下，像杨勋这样一个既非身居高位又无显赫身世的教育科研工作者，是与传记无缘的。改革开放改善了中国的政治和社会环境，这使杨勋产生了写传记的念头。她说："写自传，主要是对自己所处的历史时代尽责任，也为自己的后代留下一份精神遗产，至于是否能公开出版，无所谓。"我对她说："既然费那么大的力气写出来，就应当公之于众。这不仅可以使别人分享你的奋斗成果，而且可以使儿孙们更珍视这份精神遗产。"她接受了我的观点。

杨勋是个什么样的人？公开出版她的这本书会产生何种社会效果？这要等待读者的检验。

杨勋是抗日烈士的女儿，13岁参加革命，曾投身于抗日战争和解放战争，堪称中国共产党和中华人民共和国核心层次的依靠力量。但是，谁能想到，这样一个"根正苗红"的人，在新政权建立以后的几十年中厄运不断，1957年被批判，1959年被打成"右倾机会主义分子"，"文革"期间被关进监狱。

八十高龄的李振声老友曾对杨勋说："持续几十年的极左风浪，使许多知识分子扭曲了自己的个性，放弃了自己的追求，而你这个人最难能可贵之处就在于，经历百难，初衷不改，仍然保留原来的性格，这是很不容易的。"

基于半个多世纪的近距离观察，我确认，杨勋具有两个突出的特点：第一，对真善美的一贯向往；第二，对知识和新鲜事物的执着追求。可以想象，如果杨勋生活在一个正常和谐的社会环境中，这两点一定会给她带来快乐和成就。而在极左权势盛行的环境中，这两点带给她的只是不断的烦恼和灾难。

的确，社会环境对人的生存和发展有着巨大的影响，上世纪50年代到70年代末这段期间，异常复杂的社会环境，使从事人文社会科学的教育科研工作者以及文学艺术工作者出现了"集体沉默"的现象，标新立异的创造欲望和能力退化了，忧国忧民的激情被压抑了。后果是，在不算短的30年间，代表良心和智慧的思想家几乎断代了。

三百多年前，英国哲学家培根说："知识就是力量。"上个世纪40年代，奥地利经济学家、哲学家、诺贝尔经济学奖得主哈耶克，在评价古今社会制度的基础上，发展了培根的结论，指出，知识只有与自由的社会环境相结合，才能产生力量。哈耶克的新结论被无数历史事实所证明。在十年"文革"期间，中国最有知识的群体——知识分子，成了最没有力量的"臭老九"。显然，在制度理顺之前，制度创新比科技创新显得更为紧迫，更应受到重视。

生命的长短，对每一个人都是十分重要的。所幸的是，杨勋在古稀之年能将自己的这本书奉献给社会。这对杨勋本人和她的亲友是一种难得的慰藉。此时此刻，不能不使我们更加怀念那些被摧残并带着满腔悲愤离开人世的人。但愿这本书的出版，能在微小的程度上告慰这些不幸者的在天之灵。

十五、于光远同志与人大劳动人事学院 *

老子说："死而不亡者寿"，就是说，死后被人们肯定和怀念，才称得上"寿"。于光远不仅是生理学意义上的高寿者，更是伦理学意义上的高寿者。

1975—1979年期间，我在于光远领导下从事研究工作，耳濡目染，受益匪浅。我在《八旬杂忆》中说："于光远是我一生中遇到的一位贵人。"于光远在我心目中的形象有两大特质：第一，他是中共党内与时俱进的改革者；第二，他是全面实现"立德、立言、立功"的现代君子。

下面讲讲于光远与中国人民大学劳动人事学院的关系。我在人大教了60年书，至今每年还招收1～2名劳动经济学专业的博士研究生。这与于光远有很大的关系。在此之前，为了组织按劳分配问题讨论会，在于光远的倡导下，粉碎"四人帮"之后成立的第一个群众性学术团体就是中国劳动工资研究会。1978年，以于光远为首的国务院工资理论研究小组解散时，他语重心长地对我说："你不要中断对劳动工资问题的研究，争取把劳动工资研究会（他推荐我担任总干事）挂靠在人大。"借助他的影响，我在人大创建了劳动经济研究室，并在此基础上，于1983年创建了劳动人事学院。今天，进入而立之年的劳动人事学院，已成长为享誉国内外的包括劳动经济学、劳动关系学、人力资源管理学、社会保障学四大专业的教

＊ 本文根据作者在2013年10月19日"经济学界于光远同志追思会"上的发言整理。

学科研基地。如果不是他这么鼓励我，可能就没有中国人民大学劳动人事学院。劳动人事学院的成就跟光远同志的功劳有很大关系。于光远同志，中国人民大学劳动人事学院永远感谢你！

十六、真实的人生，平凡的真理

——读杨遵道《仁字八旬自述》*

作者在前言中说："在学校的讲堂上，在家里的书桌前，度过了以书为伴、以青年学生为友的一生"，回顾以往，"堂堂正正地做人，勤勤恳恳地做事，深夜扪心自问，自觉无怨无悔"。读着这几行字，我不禁肃然起敬。

我与杨遵道有着类似的经历，难免被书中的许多情节激起共鸣，不由自主地产生一些联想：

首先，此书最大的特点，就是说真话。说真话，本应是人之常情，不料，从20世纪50年代以来，因言遭难、因言获罪的现象屡见不鲜，致使说真话变得十分困难，就公事、国事、天下事说真话，更成为冒极大风险的行为。名作家巴金盖棺定论之时，国人对他的赞誉，主要集中在"四人帮"被粉碎之后他终于说出的那些真话——具有忏悔情意的真话。但愿这种违背常情常理的悲剧不再重演。

其次，此书具有不容忽视的史料价值。大学者胡适先生说：传记文学要"给史家做材料"。经历了四分之三世纪的政治风雨和社会变迁的杨遵道，把自己的所见、所闻、所思、所为，用明快的文字记录下来，这确实是难能可贵之举，为读者贡献了一本从微观角度了解中国现代史的有益

---

*　我尊敬的杨遵道先生已于 2012 年 4 月 3 日仙逝，享年 89 岁。他撰写的《仁字八旬自述》，受到亲朋故旧和读者的好评。

读物。

再次，此书散发着中华传统文化的余香。杨遵道深受中华传统文化的熏陶，这潜移默化地影响着他一生的思想和行为。中华文明作为古代世界四大文明中唯一延绵不断者，有着强大的生命力和感染力，其精髓在于它的价值观，诸如，和为贵、和而不同、中庸之道、民贵君轻、道法自然以及"己所不欲，勿施于人"等等。此书的字里行间，处处流露着作者的"亲亲"孝道之情、"推己及人"的恻隐之心、"致中和"的为人处世之道，还表现出作者与时俱进、追求真理的正义感。

当我书写这篇读后感之时，有幸看到我尊敬的朋友戴逸教授（中国史学会原会长）读《仁宇八旬自述》之后写给作者的短信。此信情真意切，文气高雅，特附于拙文之后，与读者共享。

（2008 年 12 月 3 日）

遵道老友台鉴：

二十余载，未得获见老友，秋水明月，时切伊人之想，忽得《仁宇八旬自述》一书，喜出望外。因冗务鞅掌，断断续续，至近日方得读毕。如重临其地，如再见故人，不亦快哉！此书叙事切实，情趣意挚，记忆鲜明，文笔流畅。而评论工当，宅心仁厚，亲情友情，充溢于纸笔之间，老友真"性情中人，宽宏长者"也。读此书忽忆当年与足下读书议论浏览闲话，吞吐謦欬，欢声笑语，犹历历在耳，今俱往矣！看过耄耋，鬓发如霜，回首前事，不胜唏嘘感慨之至。

戴逸　2008 年 8 月

十七、 回顾与展望

——中国劳动学会创建 20 周年随想

在每个人的生命历程中，都可能经历几次难忘的重要事件。对我来说，有件值得一提的事，与中国劳动学会有着密切的关系。

这件事说来话长。1971 年 9 月 13 日林彪集团覆灭，中国的政治形势出现了重大的、微妙的变化。在此背景下，1972 年，一个挂靠于国家计委的工资理论研究小组应运而生了。按照当时纪登奎的说法，这是周总理让他办的，目的是为了改革工资制度。这个小组的成员包括康永和、庞自、张一知、赵世枢、魏恒仓、方丁、孙桢、夏积智、练岑、朱家骥（国家计委劳动局）；孙尚清、桂世镛、何建章（中国社会科学院经济研究所）；刘方域、黄振奇、智效和（北京大学）；徐禾、余广华、赵履宽（中国人民大学）；齐平、王新生、王庭岚、付也俗、贺松源（全国总工会）；张长庚（中组部）；龚士其、何汉、董国楹（中央党校）；荣志刚（教育部）；老的理论家有于光远、胡绳、吴冷西。主要负责人是余秋里、林乎加，实际负责人是康永和和庞自两同志。

当时，这个研究小组的成立，在国内学术界引起很大的反响，因为这是自 1966 年"文革"造成"文化沙漠"以来出现的一小块绿洲。它表明，像工资这样一个被"四人帮"弄得谈虎色变的问题，已被允许"研究"了。1975 年邓小平同志复出之后，工资理论研究小组的活动更为活跃。1976 年 10 月"四人帮"被粉碎之后，以于光远为首的理论界，以其雄厚的学术力量，连续召开了四次全国性的按劳分配理论讨论会。这对于清算"四人帮"在分配问题上制造的思想混乱以及破除"两个凡是"的束缚，起了重要的带头作用。在四次按劳分配理论讨论会的基础上，粉碎"四人帮"之后第一个群众性的学术社团——中国劳动工资研究会宣告成立。于光远同志建议，由我担任总干事。他说："民间学术团体的负责人，不要称呼什么'长'，称呼'总干事'比较好。"于是，一个未曾有过任何官衔的大学讲师担任了全国性学术社团的"第一把手"。但是，在开展研究会活动的过程中，我越来越感受到，在我国特定的历史条件下，任何群众性的社团，唯有得到政府有关主管部门的支持，才能发挥其应有的作用。于是，我多次拜会国家劳动总局局长康永和同志，请他牵头筹建中国劳动学会。在康永和同志的主持下，中国劳动学会终于在 1982 年 1 月 19 日正式建立，中国劳动工资研究会的活动也就自动并入其中，我本人荣幸地担任中国劳动学会副会长达 19 年之久。

20 年来，中国劳动学会已发展成为在国内外颇有影响的生气勃勃的社团。值此中国劳动学会创建 20 周年之际，我希望中国劳动学会一如既往地团结一切关心中国劳动大业的人士，紧紧把握住制度创新和科技创新的大方向，密切联系改革开放的实际，为维护中国劳动者的权利，为中国的繁荣富强，做出更大的贡献。

（发表于 2001 年 11 月《中国劳动》）

十八、　汉字——中华传统文化的载体

　　本人既非文字学者，亦非汉字书法家，今抛砖引玉，撰写此文，原因有二：第一，1919 年，五四运动在正确地高扬爱国、民主、科学大旗的同时，还出现了"打倒孔家店""汉字不灭，中国必亡"等极端言论，这些极端言论，至今未被彻底清算；第二，1950 年，本人作为中国人民大学的一名行政干部，亲身经历了"汉字拼音化"学习运动，这个不了了之的运动，至今也没有个结论。历史公案终须了断，本文就汉字的历史地位与前途命运问题，谈点粗浅看法。

　　举世公认，中国古代有推动世界历史进步的四大发明，即指南针、火药、造纸术、印刷术。我认为，汉字堪称第五大发明。

　　汉字是当今世界仍被广泛使用的最古老的文字。在人类历史上，曾流行过两河流域的楔形文字、古埃及的圣书文字以及玛雅人的图形文字，但这些文字早就消亡了。汉字所具有的强大生命力，根源于博大精深的中华传统文化，而汉字对中华传统文化长期不中断的传承，又起着重大的作用。

　　先秦中华传统文化，是中国文化之根，也是世界文化的瑰宝。18 世纪以来，国外一些大思想家、大文学家，诸如伏尔泰、托尔斯泰、雨果、泰戈尔、罗素、爱因斯坦等，都对以儒学为主的中华传统文化推崇备至。可惜，五四运动以来反孔、反方块汉字的人士，却无视上述事实。

历史表明，汉字具有强大的生命力，它既适应中国传统社会的需求，也适应现代社会的需求。现在，汉字与互联网、微信、微博等新媒体之间已形成鱼水关系。

汉字具有优异的造字法，即象形、指事、形声、会意、转注、假借等六种造字法，简称"六书"。在"六书"中，用形声法所造的字，占汉字的绝大多数。用会意法所造的字虽然较少，但它们巧妙地展示了中华传统文化的精妙，对此，下文将专门涉及。汉字作为中华传统文化的载体，具有"超方言"性，就是说，全国各地多种多样的方言，绝大部分可以用汉字来书写记载。不仅如此，日本、朝鲜、越南等国文字的形成，也深受汉字的影响。1981 年日本政府规定的《常用汉字表》，还保留了 1945 个汉字。

汉字的演变，源远流长，从殷商的甲骨文至今，汉字已存在 3000 多年，历经金文、大篆、小篆、隶书、草书、楷书等形态。流行于唐代的楷书，堪称汉字的成熟形态。

楷书在汉字诸形态中具有最重要的地位，因而被尊称为"正书""真书"。楷书汉字具有两个最明显的特点：第一，字体为正方形，无论笔画多寡，均须纳入正方形之中；第二，正方形的中心点，就是所有笔画的均衡（和谐）点。这两大特点，体现了中道、包容、谦让、正义、和平等中华传统文化的核心理念。

楷书汉字中的会意字，堪称文字之绝品，人们可以从中感悟到中华传统文化包含的普世价值。下面，试举 11 个发人深思、启迪智慧的汉字为证：

1. "仁"字：这个在《论语》中出现最多的字，由"人"（亻）、"二"两个部分整合而成。这表明，"仁"就是实现良好的人际关系。孔子说："仁者爱人"。处理好人际关系的先决条件，就是以爱心待人。爱他人之心，是"善"的真实内容。仁爱，是中华传统文化最核心的理念，也是一种最崇高的情感，它与西方文化所强调的"工具理性"相比，更具根本性和普世性。

2.“忠”字：由“中”“心”二字整合而成，即把心（意愿）置于中位，不走极端，不偏左，不偏右，不媚上，不欺下，言行恰到好处。孔子说：“君子中庸，小人反中庸”。老子说：“多言数穷，不如守中。”古希腊哲人亚里士多德也肯定“中道”，但未被传承。当今英国学者吉登斯以其名著《超越左与右》享誉全球。

3.“恕”字：由“如”“心”二字整合而成，即将自己之心与他人之心相沟通，人同此心，心同此理，公道自在人心。孔子将“恕”解释为“己所不欲，勿施于人”。我国大学者季羡林说，孔子的这句话，可以“治天下”。

4.“道”字：由“首”、“走”（辶）两部分整合而成，可会意为追求首要之真理或选择最正确的人生路径。老子说：“道法自然。”俄国学者将这句话译为“真理效法自然”。孔子感叹：“朝闻道，夕死可矣。”可见，“道”在中华传统文化中有着多么重要的地位。

5.“信”字：由“人”（亻）、“言”两部分整合而成，即人应重其言，言必信，行必果。这是儒家的一个重要理念。

6.“和”字：由“禾”“口”两部分整合而成，即每一口人皆有饭吃，“民以食为天”。东汉许慎的《说文解字》对“和”字做如下解释：“和：调也。”这就是说，通过调节各方面的利害关系，实现和谐的人际关系以及国际关系。“礼之用，和为贵”，是中华传统文化的核心理念之一。

7.“谐”字：由“言”（讠）、“皆”两部分整合而成，即每个人都能自由讲话，是社会和谐的必要条件。“和”“谐”二字联用，意味着对民生和民权的高度重视。

8.“善”字：由“羊”、“草”（艹）、“口”三部分整合而成。羊作为最温顺的动物，以草充饥，堪称顺应自然的善行。顺应自然是善的首要条件。

9.“好”字：由“女”“子”两字整合而成，对此，可做两种会意：

第一种，在人类早期的母系社会，女性对人类的繁衍生存，比男性起着更大的作用；第二种，女子具有柔性的情感和力量，而以柔克刚正体现中华传统文化的美好。

10."忍"字：由"刃""心"两字整合而成，即心上有刃。人生不如意之事常八九，好事多磨，因此，忍耐之心不可缺，否则，好事难成。

11."企"字：由"人""止"二字整合而成。老子说："知足不辱，知止不殆"。"企"即人的欲望。作为个体的人，作为整体的人类，都须控制自己的欲望，遵循"适可而止"的普世价值，否则，必遭自然规律和社会规律的惩罚。

汉字一字一音节，一字一正方块，既可单字使用，也可数字相连使用。单个汉字的种种排列组合，可谓奇妙无穷。人们可以采用对偶、比兴、对仗、比喻、反正、反问、夸张以及四声押韵等形式，创造出丰富多彩的诗词文章以及有趣的文字游戏。应特别指出，用四个汉字组成的上万条成语，具有言简意赅、言近及远、画龙点睛之妙，堪称汉字组合的奇葩。此外，汉字具有高度的集约性，如将英文文献译成汉文，可节省不小的篇幅。

鲁迅在《汉文学史纲要》中指出：汉字"具三美：意美以感心，一也；音美以感耳，二也；形美以感目，三也"。关于感心，上文所举11个字，足以证明。关于感耳，每个汉字所具有的"四声"，使诗、词、歌、赋韵味无穷，给人以美的听觉享受。关于感目，汉字书法，堪与中国国画共美，给人以美的视觉享受。

我相信，汉字启迪智慧的功能，将与博大精深的中华传统文化一起，对人类的前途命运发挥着越来越大的积极作用。

我期望，这篇写于耄耋之年的文章，在高科技、快节奏、物欲横流、急功近利的当今社会，起一点降温的作用。

（此文发表于2015年中国言实出版社出版的《汉字书法速成》一书）

十九、博览群书　交叉联系　继承创新
不断完善*

全国解放前，我上过一年大学，学习哲学专业，1949 年（19 岁）参加革命工作，1952 年开始在中国人民大学执教，至今已 40 年。

40 年来，由于工作需要，我前后讲授过十几门课程。1972 年以来，劳动经济学、劳动社会学、人事管理学成了我的主攻学科。这三门学科，横跨经济学、社会学、政治学、管理学四大学科门类。这种状况，既给我带来了广泛更新知识的艰巨任务，也大大拓宽了我的视野和思路。所幸，不断追求新知识，正是我长期形成的习惯。所以，以劳动经济学、劳动社会学、人事管理学为中轴的教学和科研活动，既是我的职责所在，又是我的乐趣所在。

在长期的教学和科研实践中，我逐渐形成了自己的治学座右铭。这就是：博览群书，交叉联系，继承创新，不断完善。每当想到这十六字座右铭，我的精神就为之振奋。

博览群书

书籍，是知识的主要载体。多读书，读好书，是任何一个人学有所成

---

* 这是二十多年前应邀写的文章，颇有自我吹嘘之嫌，但其中不无可取之处。

的必要条件。在"知识爆炸"的当今时代，有选择地博览群书，更是在学术上取得成就、做好教学和科研工作的前提条件。据典型调查，1000名美国最有成就的专家、企业家、社会活动家的共同点，就是"以博取胜"。

在长期的教学和科研实践中，我逐渐掌握了这样一个比较合理的知识结构：以辩证唯物主义和历史唯物主义哲学为根本方法，以经济学、社会学、心理学、政治学、管理学为基础知识，以劳动经济学、劳动社会学、人事管理学为主干知识。依托这一知识结构，就可以对"人"的问题进行广泛而深入的研究。

应特别指出，哲学思维可以为科研活动搭起"脚手架"，尽管脚手架不是建筑物本身，但如果没有脚手架，就不可能有任何高大的建筑物。恩格斯说过，一个人的理论思维能力的锻炼，"除了学习以往的哲学，直到现在还没有别的办法"。

交叉联系

20世纪以来，特别是第二次世界大战以来，科学技术迅猛发展，新学科层出不穷，每年以数十种的速度递增（现已有4000多门现代学科），而且学科之间相互渗透，既有横向渗透，又有纵向渗透。美国数学家哥德尔说："在一个系统中的各个构成因素存在着自我相关性，因此处于这个系统中的人们的认识能力，不可能解决此系统中的全部问题，只有跳出原有系统到一个更高的层次上，才能解决原有层次上的问题。"爱因斯坦说："俄国文学家陀思妥耶夫斯基给予我的，比任何科学家给予我的都要多"。事实表明，学科之间、各类知识之间交叉联系的程度与日俱增。因此，只有自觉地运用"交叉联系"方法从事学术活动，才能取得创造性的成果。20世纪80年代初期和中期，我正是运用"纵横交叉"方法主编了《劳动社会学概论》《人事管理学概要》，从而填补了国内的两个学科空白。

继承创新

牛顿说过："我之所以比别人看得更远，是因为我站在巨人的肩膀上。"的确如此，人与其他动物之间的一个根本区别，就在于人能够继承前辈的知识——得到实践检验的真知识，并在继承的基础上不断创新。没有继承，就没有创新。

创新，从一定的意义上说，就是对既有知识的新的更巧妙的组合。所以，一个人应根据自己的特定需要（如攻克一项科研课题），对必不可少的有关知识进行交叉组合，以取得创造性的成果。

当然，创新也有一个高低层次问题。一般来说，继承的广度和深度，与创新的高低层次呈正比。因此，我们应当努力做到博中有专、专中有博、博专结合。

处理好继承和创新的关系，这是很不容易做到的。我喜欢博览群书，但时间和精力有限，因此，经常为此而苦恼。据说，英国有一位叫阿克顿的学者，酷爱读书，藏书18万册，头脑里装了许多知识，但当他享年68岁结束生命之时，竟没有留下任何著述，连一篇论文都没有。人们将此类事例称之为只继承不创新的"读书悲剧"。我在治学过程中，经常以此鞭策自己，努力在继承和创新之间搭起桥梁。这座桥梁主要由以下构件组成：

1. 学以致用，为解决特定的问题而阅读有关的书刊和文献；

2. 扩展阅读领域，边读、边思、边评（书写眉批或札记）；

3. 重视方法性的知识，尽可能运用新概念来阐释复杂的社会现象；

4. 保持和发展多样化的求知欲和兴趣，努力使左脑（逻辑思维）和右脑（形象思维）得到互补，以避免思维定式；

5. 科研课题的选择，着眼于别人尚未涉及或尚未攻克的领域，以免重复劳动；

6. 扩大学术交流，特别要"交奇人、究奇事"，因为奇人怪论往往能提供极重要的启示，有时歪打反而能正着。

不断完善

一个人应当在不断实践的基础上，逐步形成自己的优良个性。对有幸从事学术活动的人来说，这包括两个方面，即人品个性和学术个性。"文如其人"，这两个方面通常是紧密地交织在一起的。

我所崇尚的人品个性，其核心内容，就是追求真理、坚持真理、敢想、敢说、敢写、敢做。当然，对真理的认识，有一个由浅入深、由不全面到全面的过程，因此，不断深化乃至纠正自己的认识，是完全正常的、合乎认识规律的。不幸，从1957年反右派斗争以后，"左"的东西来势汹汹，动辄用政治帽子压人，因言获罪者不胜枚举，于是，不少人被迫说违心的话，写违心的文章。面对这种学术"生态"环境，我力求洁身自爱，尽可能不随风倒，用"穷则独善其身，达则兼善天下"的办法来自卫。40年来，我的论著都发表于国内政治环境比较宽松的时期，在党的十一届三中全会以后的10多年所发表的论著，远远超过此前30年的论著的总和。

我所崇尚的学术个性，其核心内容，就是在追求真理的道路上逐步形成自己独具特色的学术风格。概括说来，我崇尚并孜孜以求的学术风格，就是博采众长、兼收并蓄，形成"杂交优势"。在中国的传统观念中，"杂"字的贬义似乎多于褒义。其实，就科学研究而言，"杂交优势"是一种规律性的现象。如果说，在经济和文化不发达的时代，"杂交优势"效应还不很明显，那么，在当今交叉学科的时代，"杂交优势"效应已经是有目共睹了。基于这种认识，我在指导研究生的过程中，力避"近亲繁殖"和"先入为主"，要求研究生在广泛阅读教材和参考书的前提下提出各种质疑性的问题，然后进行讨论和答疑。我不同意那种"先破万卷书，然后才著述"的传统的治学方法，而赞赏杨振宁教授所主张的"渗透式"

治学方法，即围绕一定的课题边学习、边创新的方法。因此，我鼓励研究生尽可能参与社会调查研究活动，使其学术成就欲不断获得满足。

最后，在结束这篇短文之前，让我将18世纪德国启蒙思想家莱辛的一句名言奉献给青年读者："对真理的追求比对真理的占有更为可贵。"

（发表于《学者谈艺录》，中国人民大学出版社，1992年9月）

附录一

学界及友人评说

一、 劳动人事学院教授赵履宽从教 65 周年研讨会举行

2017 年 10 月 14 日，中国人民大学劳动人事学院教授赵履宽从教 65 周年研讨会举行。校长刘伟出席研讨会并讲话。劳动人事学院党委书记兼副院长唐鑛主持会议。

刘伟向赵履宽教授 88 岁米寿和从教 65 周年表示祝贺，并代表学校向他为中国人民大学劳动学科的建设和学校发展所付出的辛勤劳动与做出的突出贡献表示感谢。刘伟表示，赵履宽教授创建了我国第一所劳动人事学院和第一个人事管理本科专业，填补了人力资源管理学科领域的空白，见证了我国劳动经济学打破苏联模式、茁壮生长的历程，是中国劳动科学和

人力资源管理学的主要奠基人和开拓者。赵履宽教授一贯坚持马克思主义的坚定信念，学高为师、身正为范，劳人之事、成人之美，教育弟子、桃李芬芳。他严谨治学、实事求是的科学态度，谆谆教导、诲人不倦的师德品格，锲而不舍、不断奋进的开拓精神和胸怀天下、立己达人的切实行动值得学校全体教职员工存之于心、践之于行。正是因为有像赵履宽教授这样一代代人大人筚路蓝缕、艰苦创业，广大师生员工不懈努力、接续奋斗，中国人民大学才得以在我国人文社会科学领域独树一帜。

刘伟指出，中国人民大学劳动人事学院成立于 1983 年，在赵履宽教授和广大师生的努力下，劳动人事学院立足学科优势、着眼世界标准，全面提升综合实力和国际影响力，为寻求和推动中国人力资源最佳管理实践做出积极贡献。站在建校 80 周年这一新的历史起点上，学校全体师生员工正以昂扬的精神状态向"双一流"建设阔步迈进，我们要牢记习近平总书记贺信精神，以"双一流"建设为契机，围绕解决好为谁培养人、培养什么样的人、怎样培养人这个根本问题，为早日实现"两个一百年"奋斗目标

和中华民族伟大复兴的中国梦做出应有的贡献。希望劳动人事学院充分发挥学科交叉性和多样性的突出优势，为早日建成"中国特色，世界一流"大学贡献更大的力量。

在研讨会上，赵履宽教授回顾了自己65年来治学求真、教书育人的执教生涯，并发表了题为《一"道"六"术"决定我的学术倾向》的主题发言。他表示，在长达65年的治学从教生涯中，他一直孜孜以求，追求"道法自然"。"道"是中国哲学最重要的概念，"道可道，非常道"揭示了人世间的道理需要不断修正完善的真理，是中国哲学最高、最广、最深的指导思想。《道德经》中"道法自然"的最高论断，揭示了宇宙和人类发展的规律，也是人文社会科学的最高原理；而马克思的名言"整个历史……都是不以人的意志为转移的"和"每个人的自由发展是一切人的自由发展的条件"也接近于"道法自然"的含义。六"术"则是追求与抵达"道"的途径，也是自己65年来做学问过程中领悟摸索得来的六个理念和方法，即市场规律高于行政指令、合作共赢高于零和竞争、中道分配高于两极分化、人力资本高于物力资本、生态环保高于近期功利、道德自律高于法规他律。这一"道"六"术"，是对自己 65 年来治学执教经验的总结与提炼，也决定了自己为之奋斗终生的学术倾向。

　　与会嘉宾围绕赵履宽教授从教 65 周年学术思想等主题先后发言。北京交通大学经济管理学院教授、国务院原参事袁伦渠回忆了自己与赵履宽教授自 1977 年相识以来 40 年间的学术合作经历，他表示，赵履宽教授为人师长，谦虚雅量、执着求真，对晚辈后生信任有加、大力提携，体现了一代人大学人的大师风范与名家风骨。浙江大学学术委员会副主任、文科资深教授姚先国表示，赵履宽教授不仅是人民大学劳动学科的创立者，也曾帮助浙江大学成立全国第三个劳动经济学博士点，为全国的劳动经济学及相关学科的发展立下了首功之劳。中国劳动学会副会长田小宝对赵履宽教授密切结合中国改革开放实践推动中国劳动学科向前发展所做出的突出贡献给予了高度评价。首都经济贸易大学劳动经济学院前院长、教授杨河清回忆了赵履宽教授对自己治学执教的谆谆教诲，表达了对赵履宽教授为人师表、育人桃李最诚挚的敬佩与感激之情。中国劳动保障科学研究院党委书记兼副院长郑东亮表示，赵履宽教授治学广博、严谨，把"博览群书，勇于创新，不盲目崇拜权威，追求真理"作为学术活动的唯一目标，既是学术领域的开山鼻祖，又为我国劳动经济学科的创建和发展打下了研究基础，创造了学科典范。中国劳动关系学院校长刘向兵代表劳动关系学院全体师生向赵履宽教授从教 65 周年表达了祝贺和敬意，并结合人民大学 80 年来所走过的办学历程，对赵履宽教授在人民大学"文革"停办后复校过程中为推动中国特色劳动科学发展所做的巨大努力和突出贡献做了高度评价。首都经济贸易大学党委副书记徐芳回忆了自己在中国人民大学劳动人事学院的求学生涯，她表示，赵履宽教授"道法自然"的思维方式为学院营造兼容并包、求真务实的学术氛围做出了突出贡献。中国人事科学研究院副院长李建忠表示，赵履宽教授在独特的社会环境下、在劳动关系转型的过程中以坚持真理、独立思考、立学为民的精神，推动了劳动政策法规的实施，对劳动人事学科做出了巨大贡献。中国人民大学劳动人事学院教授曾湘泉向赵履宽教授对自己在劳动人事学院任教以来的指导和关怀表达感激。他表示，从学术成就上来说，赵履宽教授是马克思主义按劳分配理论的坚定捍卫者，思想运动解放的先驱，劳动力市场积极的倡导者和中国现代劳动学科探索的领路人。首都经济贸易大学劳动经济学院院长冯喜良高度赞扬了赵履宽教授对"学术一生"的坚守。他表示，赵履宽教授在从学、治学、研学的过程中，已超越学术研究上升至追求"道"这一最高境界，体现了赵履宽教授高尚的思想理念和人生价值观。

会上，赵履宽教授学生代表先后发言。中国人民大学公共管理学院教授董克用深情回忆了作为赵履宽教授第一位硕士生的求学经历，谈及赵履宽教授对学生的关心帮助及严谨的治学态度仍记忆犹新。云南省昆明市委副书记刘智回忆了21年来受到恩师的言传身教，并向与会师生介绍了赵履宽教授出生地云南的美丽俊秀。国家发展和改革委员会社会发展研究所所长杨宜勇感叹师生亲密无间的情谊，表述了自己对赵履宽教授治学思想的理解与钦佩。北京交通大学经济管理学院教授石美遐对赵履宽教授对自己的教导表达了由衷的感谢，认为赵老师对学术研究的热情感染了身边的每一个人。青岛大学政治与公共管理学院教授赵普光回忆了与赵履宽教授交往的点滴细节，表达了对他海人不倦、严谨治学态度的敬意。中国人民大学劳动人事学院教授彭剑锋、潘锦棠、仇雨临等回忆了赵履宽教授在65载治学育人历程中所展现出来的求真风骨和高尚品格，表达了对恩师的敬佩和感激之情。

中国人民大学劳动人事学院院长杨伟国代表劳动人事学院向赵履宽教授等学界前辈对劳动人事学科和劳动人事学院所做出的巨大贡献表示感谢。他表示，赵履宽教授是"为人"上的谦谦君子，在"为学"上创新、独立、自由，在"为师"上培养了众多优秀人才，在"为政"上奠定了学院包容的氛围环境，在"为事"上用"人"的发展促进了国家劳动学科的发展，在"为道"上将学术上升到了人生追求。后辈学人应以庆祝赵履宽教授从教65周年为契机，承担起更大的责任，努力推动劳动科学理论与实践的进展，为中国劳动学科的建设一流学科做出新的、更大的贡献。

赵履宽教授学生代表、中国人民大学劳动人事学院师生代表以及兄弟院校专家代表参加会议。

（文/记者　刘晓阳，学生记者　张宜秋；图/图片与视频中心　崔晨）

二、人生真谛最可贵

——记中国人民大学劳动人事学院赵履宽教授

赵履宽教授说："人生最惬意的是能做几件对社会有价值的事情。"他身材不高，清癯肤皴，貌不惊人却出语不凡。他淡泊名利，虽有人推荐他去做官，他却婉言谢绝。他的著名文章也不刻意保留，说这个问题已经解决了，颇有点"宠辱不惊，看庭前花开花落；去留无意，望天空云卷云舒"的仙风道骨。思想之累莫过于患得患失，精神负担莫过于名利枷锁，淡泊志远的人搞经济学研究，善莫大焉。

1930 年，赵履宽出生在景色秀丽的云南大理，白族。中学毕业于当时被誉为"民主学生运动摇篮"的春城昆明。1948 年肄业于华北文法学院文学哲学系，1952 年在中国人民大学任教至今。

1957 年，他因提出"'德'内涵丰富，不只限于'政治'"等观点而受处分，只因本单位的"右派""指标"超额完成而幸免当"右派"。这给他留下了刻骨铭心的记忆，学过哲学的他从中悟出了人生的真谛，思想走向成熟。1972 年，周总理建议成立工资理论研究小组，赵履宽是小组成员，从此开始了对劳动经济学的研究。1977 年，粉碎"四人帮"之后中国第一个学会——中国劳动工资研究会在京成立。于光远对赵履宽说："你当总干事，咱们不搞什么会长了。"1981 年这个学会与中国劳动学会合并，赵履宽任副会长。

1977 年 11 月 22 日，赵履宽在《人民日报》发表《驳"四人帮"在劳动报酬形式问题上的谬论》。这是"文革"后较早一篇在按劳分配问题上"拨乱反正"的文章，引起强烈反响，全国 20 余家及国外多家新闻媒介转载。这是赵履宽步入劳动经济学研究后的第一篇重要论文。《人民日报》理论部的负责人回忆说："赵履宽的这篇文章如果送审，就登不出来了。" 1988 年赵履宽在《世界经济导报》进一步提出"按生产要素分配是商品经济的必然要求"的观点。

1979 年，他创建人大劳动经济研究室。1983 年，他创办中国人民大学劳动人事学院。学院开设了一些国内尚属少见的新学科，诸如人力资源管理学、社会学、社会心理学、组织行为学、管理心理学、社会调查方法、比较政治学等。锐意改革、兼容并包的办学思路，使学院在一定程度上成为"人大特区"。1993 年，学院被评为中国第一个劳动经济学博士点，赵履宽也成为中国第一个劳动经济学博士生导师。学院毕业生深受经济发达地区用人单位的欢迎。劳动经济学对我国的改革与发展起着特殊的重要作用。它的研究范围包括劳动就业、劳动工资、社会保障、人力资本、劳动力市场等对改革与发展至关重要的领域。1980 年，赵履宽为《人民日报》撰文《我国当前劳动就业的几个问题》，批判了否定中国有失业问题和人口问题的极左思潮。1981 年，他在《教学与研究》撰文提出劳动力属于劳动者个人所有的观点。此后，他进一步撰文指出，劳动力的买卖具有一种出租的性质，既可以买卖，又要维护劳动者的公民权及其他合法权益。1983 年，他在《我国工资制度的改革问题》一文中指出，我国现行工资制度的主要弊病是平均主义。同年，他提出推行劳动合同制是改革劳动人事制度的突破口。《中国劳动经济体制改革》是他劳动经济思想的阶段性总结。《劳动经济与劳动管理》打破了传统劳动经济学的旧框框，为创建具有中国特色的劳动经济学开辟了一条新路。《劳动社会学概论》"是我国应用社会学研究方面的一个可喜的尝试"（费孝通语），获河北省哲学社会科学著作一等奖。《人事管理学概要》填补了我国这一学科领域空白，获中国人民大学科研成果一等奖。他创建的人事管理专业获北京市高等院校教学成果奖。

1998 年，赵履宽在《谨防对国有企业改革进程的扭曲、干扰和拖延》一文中指出：当前我国事实上存在的"半计划半市场经济体制"，正是产生腐败（权钱交易）的制度性根源。

赵履宽的经济理论观点和追求真理的信念可以概括为"三化"，即"经济市场化、政治民主化、文化多元化"。他博览群书，涉猎众多学科，对哲学、社会学、政治学、心理学等都有浓厚的兴趣。他说，这些学科之间都有密切的联系，浏览它们有助于拓展经济学研究的方法和思路。"我的精力已不及年轻人，力不从心，时不我待，要以有限的精力追赶前沿。"

目前，赵履宽正在梳理自己多年的研究心得，试图找到一条能贯通人文社会科学的大道理（大智慧）。他说：可大体上将它表述为"自然秩序高于人为秩序"。自然生态的平衡和自然资源的再生，是重要的自然秩序。人是大自然的产物，自从地球上出现人类之后，以人性（马克思将人性定义为"人的需要"）为依托的自然秩序，也就形成了。任何违背上述两类自然秩序的人类行为，都会遭到加倍的惩罚。违反人性的计划经济体制被符合人性的市场经济体制所取代，就是最突出的例证。当然，人类在自然秩序面前不是无能为力的，但人类更应当谦虚地对待自然秩序。让 21 世纪成为自然秩序优先的、真正的新世纪。

（《中国改革报》记者　李向阳　1998 年 11 月 14 日）

三、赵履宽：创建中国特色的劳动科学知识体系

在 HR 领域，有过相关教育经历的人提及赵履宽，无不将他视为当今人力资源业界的泰斗。作为中国劳动经济学、人力资源管理研究和教育的开拓者，赵履宽和同他一样的一批经济学者经过不懈努力，逐渐探索建立了具有中国特色的劳动科学知识体系。其中，赵履宽的贡献极其突出，他主持创建了中国第一所劳动人事学院，参与创建了中国劳动学会，开创了中国第一个劳动经济学博士学位授予点。他的教学和研究，对中国劳动经济学说的创建以及劳动人事制度和分配制度的改革起到巨大的推动作用。

"记得在 1984 年到 1985 年间，出于劳动人事学院教学的急切需要，我不自量力，写了《人事管理学概要》一书，1986 年出版，这是中国内地第一本人事管理学教材。当时，像我这样一个既缺乏人事管理理论知识、又缺乏人事管理实际经验的人，在特定的历史阶段，滥竽充数，竟成为中国内地人事管理学的初创者，每思及此，深感愧疚。"赵履宽说。作为人力资源管理学的开山者，赵履宽的谦逊不能掩盖他对这一领域的影响力。从第一个劳动人事学院的建立到劳动学会的研究，几十年过去，人力资源管理学在中国已经成长为包括大专、本科、硕士、博士全系列的专业和重点学科。作为人力资源管理教学科研工作者之一，赵履宽亦足以因此而感到骄傲。

涉足人力资源管理学

赵履宽 1930 年 1 月 3 日出生在云南省大理白族自治州大理市喜洲镇。1940 年到 1948 年，赵履宽一直在昆明市念高小、初中、高中。1948 年考入华北文法学院文学哲学系后不久，赵履宽即肄业，并于 1949 年 3 月参加革命工作，进入中国人民大学的前身华北大学学习。1950 年中国人民大学成立后，赵履宽从解放区来到人民大学任部门经济学的教师，教价格学等课程。1970 年中国人民大学被解散，赵履宽与人大其他老师一起，去了江西的"五七"干校。

1972 年，在周总理的倡议下，国家计委和劳动总局（劳动人事部的前身）成立了工资理论研究小组，这个研究组根据周总理的建议，由当时的国务院副总理纪登奎牵头，从北京大学、中国社会科学院（当时叫中国科学院社会科学部）以及当时已被解散的人民大学抽调部分专家组成。作为人大一员，赵履宽也位列其中。1975 年，于光远、薛暮桥、齐燕铭、许涤新等一些著名的学者和经济学家也相继加入这个工资理论研究小组。研究小组主要是着手对我国工资问题进行研究。从这时起，赵履宽和劳动经济学、人事管理学就结下了不解之缘。

1975 年，邓小平复出主持工作，国务院成立了政治研究室，邓力群、于光远等都调到了政治研究室。于光远将赵履宽也推荐到了政治研究室。他们这批人数量不多，但能量很大，可以直接和部长级的官员对话。在政治研究室，后来又转到书记处研究室，赵履宽都属于借调协助工作，他的组织关系一直隶属于人民大学。当时曾提出让赵履宽担任理论组副组长，但赵履宽觉得自己不适合官场而拒绝了。在政治研究室，他们以"向群"为笔名，以批"四人帮"、拨乱反正为切入点，在《人民日报》发表文章。赵履宽说："1977 年是我们最活跃的一年，经常写文章发表在《人民日报》第一版位置，相当于《人民日报》的社论。"

1977 年 11 月 22 日，赵履宽将自己在第一次按劳分配问题形式讨论会上的发言整理成文，以《驳"四人帮"在劳动报酬形式问题上的谬论》为题发表于《人民日报》。"当时，《人民日报》的主编及理论部的负责人觉得这篇文章不能报批，一报批可能就登不出来了，所以他们干脆先斩后奏，直接登出来了。"赵履宽说，正是由于这一段经历，让他从研究工资扩展到了研究人的管理。

1978 年初，在于光远的建议下，成立了中国劳动工资研究会，主要研究工资和劳动人事等问题，由赵履宽担任总干事。1978 年中国人民大学复校，赵履宽回到人大。在于光远的支持和鼓励下，赵履宽回校当年就创办了中国人民大学劳动经济研究室。1982 年，赵履宽为了发展壮大研究会，联合当时劳动总局的局长康永和，成立了中国劳动学会。这一年，赵履宽创建的劳动经济研究室开始招收研究生，他的第一个硕士研究生就是著名的人力资源管理专家董克用教授，后来曾任中国人民大学公共管理学院院长。

1983 年，劳动人事部决定建立专门的学院来培养劳动人事方面的人才，于是联系了一些大学筹划建院之事。赵履宽说："当时希望建立劳动人事学院的，除了人民大学之外，还有南开大学和北京经济学院（现首都经贸大学），竞争很激烈。"不过，人大最终凭借自己的声望和实力获得了劳动人事部的肯定，对此赵履宽感到很自豪。当年 10 月，国内第一所劳动人事学院成立，赵履宽是首任院长。

在很长一段时间内，中国人民大学劳动人事学院都是国内唯一开设人事管理专业的学院。1993 年西方人力资源管理理论传入中国后，中国人民大学劳动人事学院又第一个将"人事管理"专业改为"人力资源管理"专业。这年底，经国务院学位委员会批准，中国人民大学劳动人事学院成为劳动经济学博士学位授予点，赵履宽成为这一学科的第一位博士生导师。

赵履宽感叹："我正好在历史的关口上。对于一个人来说，实际上机会很重要，一辈子最重要的就那么几步，如果当时我不去工资理论组，也就没有后来这一堆事了。"

执着追求真理

赵履宽漫长的学术生涯中，最明显的特点是思想解放、勇于创新、不盲目崇拜权威，把追求真理作为学术活动的唯一目标。他在中国劳动经济学和人力资源管理学界之所以享有很高的声望，根源在于他的勤奋研究和学术创新，在于他长期以来一直关注于自己研究领域的理论前沿问题，并能不断提出一些独到的见解。正如赵履宽在《学者谈艺录》一书中所写："在长期的教学和科研实践中，我逐渐形成了自己的治学座右铭，这就是：'博览群书，交叉联系，继承创新，不断完善'。"这十六个字，正是他学术风格最好的写照。

早在 1957 年 3 月，赵履宽就在《大公报》发表了《社会主义制度下的商品生产由什么决定？》一文，明确地对斯大林关于国营企业之间调拨的生产资料不是商品的观点提出了异议。他认为，斯大林的观点在理论上和实践上都是站不住脚的。这篇具有独到见解的文章被收入科学出版社的《我国经济学界关于社会主义制度下商品、价值和价格问题论文选集》。此后，他还发表了一些关于工农产品比价、商品差价等方面的论文，并在贸易系首次讲授"价格理论"课程。

粉碎"四人帮"以后，赵履宽迎来了学术创新高潮。如前文所述，1977 年他在《人民日报》发表了《驳"四人帮"在劳动报酬形式问题上的谬论》，这是一篇较早批判"四人帮"的有力文章之一。1980 年前后，我国城市中出现了严重的失业问题。1980 年 8 月 19 日，《人民日报》头版发表《编者按》，提请读者注意该报当天第二版发表的"重要文章"，即赵履宽撰写的《我国当前劳动就业的几个问题》。文章从"统包统配"制度、人口、所有制结构、经济结构等方面对导致我国就业问题尖锐化的原因和解决途径进行了深入的探讨。

　　1983 年 9 月 7 日，赵履宽在《人民日报》发表《论劳动合同制》，明确提出劳动合同制是适合社会主义商品经济体制和劳动管理法制化要求的制度，在学术界和实际工作部门都引起了较大的反响，对我国劳动人事制度改革起到了一定的推动作用。

　　1993 年，赵履宽发表《我的经济改革观》《关于市场经济与劳动经济的几个理论问题》等论文，标志着他在学术探索的道路上迈进了更为深广的领域。

　　在不断探索研究的同时，赵履宽将更多的精力投入到探索建立具有中国特色的劳动科学知识体系之中。1984 年，北京出版社出版了赵履宽和潘金云合著的《劳动经济与劳动管理》，标志着这种探索达到了一个新的阶段。

　　1988 年，赵履宽与杨体仁等合著的《中国劳动经济体制改革》一书出版。该书在学术界和实际工作领导部门产生了相当大的影响，劳动部原部长专门到学院来座谈此书的内容，四川省劳动厅特意为全省劳动工资主要领导干部办了研讨班，学习这本书。《中国劳动科学》杂志载文评论，这本书在方法上和视野上有新的突破：第一，劳动经济体制改革，必须突破产品经济的旧框框，服从商品经济规律的要求；第二，劳动经济体制改革的中心环节，在于建立政府、所有者、经营者、劳动者之间职能分离、利益制衡的权利结构；第三，我国大中型企业目前实行的企业工资总额随本企业利润浮动的做法，弊大于利，它导致企业目标向个人收入最大化倾斜，即导致行为短期化；第四，开放劳动市场，才是劳动经济体制改革的必由之路；第五，产品经济与商品经济是两种根本不同的体制，因此，"双轨制"不仅不能导致旧体制向新体制过渡，反而会造成经济运行的混乱。

　　赵履宽的第一位研究生董克用评价说，这本专著的问世，在某种程度上可以说标志着中国劳动经济学新学派的确立，对今天的改革也具有一定的理论指导意义，充分体现了理论研究的合理超前性。

基于劳动科学知识体系的不断拓展，赵履宽在劳动经济与人事管理问题等方面的研究也不断深入。1986 年，他与伍岳中等同志合著了《人事管理学概要》一书，成为该专业第一本教科书，获中国人民大学科研成果一等奖。同时，由他作为学术带头人，劳动人事学院开创的人事管理专业也获北京市高等院校教育成果奖。

随着劳动问题的深入研究，赵履宽从经济学领域扩展至社会学领域，他与王子平合作，写出了《劳动社会学概论》。著名社会学家费孝通先生为此书作序说："作为应用社会学的一个分支的劳动社会学，在宏大的社会学体系中居于特殊重要的地位。"《中国社会科学》杂志评价，此书具有三个特色：一是在马克思主义有关劳动社会学理论的指导下，创造性地建立具有鲜明的中国特色的劳动社会学理论体系；二是从现实问题出发，力求为现代化建设服务；三是汲取一系列社会科学和自然科学的最新研究成果，运用多种方法对劳动问题进行了跨学科的分析。并认为"本书是我国劳动社会学理论大厦的一块基石"。

创建人大劳动人事学院

刚进中国人民大学东门不远的劳动人事学院的求是楼在中国人力资源行业内久享盛名。在求是楼，诞生了全国第一个人力资源管理专业、第一个社会保障专业、第一个劳动关系专业、第一个劳动经济学博士点、第一套适应市场经济背景的全国性劳动科学教材。可以说，劳动人事学院，承载了中国人力资源行业的变迁历程，它用自己的方式，伴随并引领着这个行业的发展。

回首劳动人事学院的创建，赵履宽说：我们建院那一段日子，就是"从零到一"。"零"就是白手起家，老师、教材、办公室，什么都没有，要我们一点一点去奋斗，奋斗到后来，就有了"一"，出来了这个劳动人事学院，后来的发展，那就是一生二、二生三、三生万物了。

1977 年，动荡了十年的中国终于复归安定，中国经济开始出现复苏迹象，工农业总产值表现出增长势头，国务院还发出《关于调整部分职工工资的通知》，3000 多万名职工的生活逐渐得到改善，民营经济也在蛇口、苏南等地悄然萌芽。

在这样的背景下，关系民生的按劳分配问题便成了"拨乱反正"的最佳切入口。1977 年，由国务院政策研究室负责人之一于光远建议成立了中国劳动工资研究会，并定性为"学术性、群众性的社团"。研究会成立后，马上牵头举办了四次按劳分配理论讨论会。这四次讨论会是全国最先开展的理论层面的"拨乱反正"活动，赵履宽的《驳"四人帮"在劳动报酬形式问题上的谬论》就是在第一次讨论会上的发言稿。

作为中国劳动工资研究会的总干事，赵履宽和于光远相处共事十分愉快，赵履宽说："60 多年来，我喜得两位贵人相助，其中一位就是于光远——我的良师益友。"

人大劳动人事学院的前身——劳动经济研究室，就是在于光远的支持鼓励下成立的。1978 年赵履宽即将返回已正式复校的人民大学。临行前，于光远对他说：你回人民大学应当继续研究劳动工资问题，争取把劳动工资研究会挂靠到人大。于是，赵履宽回人大找到当时主持日常工作的副校长胡林畇，把于光远的想法转告他，并建议成立劳动经济研究室。胡林畇很痛快地同意了赵履宽的建议，并表示可为新机构刻一枚图章，每月拨一点经费。

1982 年，中央开始下决心启动行政体制改革，国务院宣布精简机构，从原来 100 个工作部门缩减到 61 个，这是新中国成立以来精简机构力度最大的一次。在改革用人体制与精简行政机构的双重背景下，1982 年 5 月，原国家劳动总局、国家人事局、国务院科学技术干部局和国家编制委员会四个单位合并，成立劳动人事部。成立劳动人事部的目的，就在于"搞好劳动、工资和人事制度这三大改革"。而要改革，就要有人才。新成立的劳动人事部决定，要建立一所自己的直属院校，培养劳动人事方面的专业人才。

得知这一消息，回到了人民大学的赵履宽觉得必须抓住这个机会："当时几乎所有的部委都有自己的直属院校，唯独劳动人事部没有。因为我原来长期在工资理论组工作，和劳动人事部的人都很熟，所以知道这个重要信息之后，我主动和他们联系，建议他们干脆在我们劳动经济研究室的基础上，和人大合办这个学院。"

赵履宽回忆，当时还有另外两所学校也想获得这个合作机会，一所是南开大学，另一所是北京经济学院（即后来的首都经贸大学），前者是周恩来总理的母校，后者最先在全国设置劳动经济学专业，都有很强的竞争力。但最后劳动人事部还是选择了中国人民大学。赵履宽解释人大被选中的原因："人大胜出的原因有三条：第一条，人大的知名度高于两个竞争者；第二条，原国家劳动总局和原国家人事局的一些领导人如王蓉、严忠勤等，为我们游说高校决策部门；第三条，当时我在权威媒体上发表了多篇有关劳动就业和工资福利方面的文章，而两个竞争者当时在这方面发表的文章很少。"

1982 年，劳动人事学院筹建领导小组正式成立。1983 年 7 月 14 日，劳动人事部和中国人民大学签订《劳动人事部、中国人民大学关于合办劳动人事学院协议书》，正式确定学院名称为"劳动人事学院"。同日，双方联合向教育部、国家计委上报《关于合办中国人民大学劳动人事学院的报告》。1983 年 10 月 8 日，教育部发出〔83〕教计字 174 号文件，同意劳动人事部与中国人民大学合办中国人民大学劳动人事学院。这份文件的颁发意味着，在程序意义上，劳动人事学院终于正式成立了。

不过，"证件"到手不代表学院就能"拉梆子唱戏"。房屋、设备等硬件等条件艰苦到"现在的人无法想象"。最严重的是，作为一个学院，却没有基本的教师队伍。当时劳动人事学院筹备师资的方式主要有两种，一是"内产"，二是"点将"。"内产"就是充分调用劳动经济研究室乃至人大的内部资源，只要研究内容与劳动人事相关又有水平的老师，都成了劳动人事学院的"香饽饽"，侯文若、虞祖尧、赵基凯及后来的梁林德等老师，还有劳动经济研究室的几位年轻老师姚裕群、孙树菌、潘锦棠等，都是这样加入了劳动人事学院。

1982年夏，赵履宽招收了第一个劳动经济专业的硕士生董克用，次年，又招收了两名研究生，即彭剑锋和刘尔铎，这几人毕业后都留在了劳动人事学院任教，后来也都成了相关领域的著名学者，董克用还曾担任学院第二任院长。

"点将"又分两种：一是去最好的学校、最强的专业物色优秀的应届硕士毕业生（当时全国尚未招收博士生），然后点名要人。二是在外校物色合适的骨干教师，然后"打着劳动人事部的旗号"去调人。曾湘泉、孙光德、陆国泰等人都是此时加入了劳动人事学院。

除此之外，赵履宽不放过任何一个发现优秀教师的机会。"当时我注意到这个人的发言，短短十几分钟，又有理论又有实际，非常精彩，我当场就问他是不是愿意调到人大劳人院，他说愿意。后来，我就通过劳动人事部的关系把他和他的家人都调来了。"——这就是赵履宽发现并起用奇才杨体仁的真实过程。

在举办了多次短期培训班和人事管理干部进修班之后，1985年秋天，劳动人事学院终于迎来了第一届本科生，再加上当年招入的3名硕士生，劳动人事学院终于在"大学"意义上有了正式的首届学生。也是在这一年，赵履宽在全院教师大会上提出了劳人院科研和教学的"三化"——经济市场化、政治民主化、文化多元化。

"经济市场化"，就是提倡在进行劳动经济相关研究时，关注点和价值取向为市场化的经济体制，并积极研究西方国家的经济运行逻辑。尽管"社会主义市场经济"这一名词当时还未被官方接纳，但在赵履宽看来，中国已经显现出了向市场经济转型的趋势，学术研究一定要紧紧跟上，甚至要起到引导的作用。

"政治民主化"，是赵履宽力倡的价值取向。这种民主和平等的作风不仅体现于教师之间，还反映在教师与学生的关系上。结合学院的专业特点，在建院之初，赵履宽就主导建立了"学生评价教师"的机制，实际上就是后来普遍实行的教学评估体系。

"文化多元化"，就是尽量广泛地多开一些课程，比如社会学、社会心理学、组织行为学。"这些课程都是劳人院首先在人大开设的，当时全国开这些课的学校都很少，那个时候还是有一些限制的，但是我觉得要多元，不要搞单一的价值灌输。"赵履宽说。

（《中国经济时报》记者　李成刚　2016 年 7 月 8 日）

四、老院长不老

2013 年 10 月劳人院 30 周年院庆之际，赵履宽老院长在台上发言的情景，正所谓八旬老人，脱稿演讲，胸怀天下，睥睨群雄，声若洪钟，振聋发聩。我们当时在台下，默默记下老先生讲话大意：六句老话可拯救人类，老子、孔子、孟子各二句：

"道法自然"。

"为无为，则无不治"。

"己所不欲，勿施于人"。

"君子中庸，小人反中庸"。

"民为贵，社稷次之，君为轻"。

"天时不如地利，地利不如人和"。

吾辈入学也晚，未获赵老亲炙。唯各种典礼见老先生，印象中他总矍铄、总脱稿、总侃侃而谈，令人难忘。就一个入学甚晚的劳人院学生而言，总说劳人院有着那么一位堪称"精神教父"，堪当学院 Icon 的人物，就是这位老先生了。

（刘菊花　唐　荣）

五、一次牵手情定 60 年

经历过战争的炮火，经历过接连不断的政治运动，而今共同分享四世同堂的喜悦。在他俩眼中，最浪漫的事不是烛光晚餐，不是玫瑰和红酒，而是和爱人手牵手，一起慢慢变老……

婚庆男主角

赵履宽，83 岁，中国著名的劳动经济学和人力资源管理学专家。自 1952 年起长期任教于中国人民大学；1983 年创建中国人民大学劳动人事学院；1993 年，开创中国第一个劳动经济学博士学位授予点。现为中国人民大学劳动人事学院名誉院长、教授、博士生导师。

婚庆女主角

杨勋，81 岁。中国著名农村问题专家。抗日烈士后代，13 岁参加革命，曾投身于抗日战争和解放战争。因敢于说真话而经历坎坷：1959 年被打成"右倾机会主义分子"，"文革"期间被关进监狱。平反之后，到中国社会科学院农村研究所专心做"三农"问题研究。

冬日的海口，椰风拂面，凉爽宜人。在风光旖旎的东海岸，演绎着一个最浪漫的故事。2013 年 1 月 3 日，是赵履宽、杨勋两位老人结婚 60 周年。中国人民大学海南校友联谊会负责人手捧鲜花，端出蛋糕，精心为两位老人张罗了一场特殊的婚庆活动。

风雨兼程、相濡以沫 60 载，有何感受和秘诀？校友和学生们不住地提问，两位老人侃侃而谈，给大家上了一节非常生动的关于人生、爱情、婚姻、家庭、事业的"精品课程"。

老两口都已经年过八旬，却精神抖擞、身体康健。在大家的掌声中，老两口手捧鲜花，亲密拥抱。"刚才没告诉她，我还为她准备了一份结婚 60 周年的礼物呢！"赵履宽拿出一串珍珠项链，亲手挂在老伴的脖子上。他的爱情宣言是："我决心和她一起活到 95 岁。为什么要活到 95 岁？因为 9 是最大数字，5 是中位数字，四舍五入，活到 95 岁就等于活到 100 岁。"

谈爱情：我们的价值观是一致的

赵履宽讲述了和老伴相知相恋的过程：他们是在 1951 年认识的，当时，他们都在中国人民大学工作和读书，有一个以反贪污盗窃为宗旨的"打老虎工作队"给两人提供了认识和交流的平台。从相互产生好感到产生爱情，都是自然而然的过程。有一次，赵履宽的姐姐到北京来，他邀请杨勋一起见姐姐，还买了一副手套送给她当礼物，以这种纯朴的方式来表达对姑娘的喜爱之情。认识一年多后，赵履宽邀请杨勋去北海公园，他拉着手风琴，在北海公园的小山坡上唱着《牧羊姑娘》，明明白白地表达出了自己的感情。之后，两人很自然地手牵手走出公园。这一牵手就是 60 多年。

杨勋是北方革命者的后代，参加过抗日战争和解放战争，父亲是红军干部。她在山东抗日根据地长大，在抗属学校受了教育。老师们思想先进，那里的民主气氛和军民关系深深地影响了她。而赵履宽是南方中产阶级家庭出身，1953 年入党。

1953 年 8 月 6 日，两人结婚了。婚礼既简单又热闹，新房里有两块拼起来的单人床板、从学校借来的军用床垫、一对新买的浅绿色挑花枕头、一个玻璃花瓶、同志们送的一床床单，加上二人各自的被褥，仅此而已。婚后生活虽清苦却甜蜜，第二年他们就有了爱情结晶。

当时学校里有人说，"杨勋是从月球上下来的"，认为她的思想单纯、超前，不切实际。而赵履宽却特别欣赏自己的妻子："在 60 年代，她曾经把给孩子买奶粉的钱拿去资助学生。她很重感情，同情弱者，是很纯粹的人。"

谈婚姻：婚姻是一种社会责任

有校友问："60 年来，二老如何一直保持着甜蜜的爱情？"

赵履宽大大方方地说："秘诀有两条：一是顺其自然。从恋爱、结婚到现在，我们的心态一直是'道法自然'。二是和而不同。就性格来说，她外向，我内向，但我们尊重对方。我们两人的价值观一致，一是政治倾向一致，二是善恶标准一致，我们都热爱自由，同情弱者。"

杨勋说："我们经常争论，争论的话题都和钱没有关系。我们喜欢这种相处方式，因为争论意味着平等。60 多年来，我们处得很好，互相信任，从不猜疑。我们从未发誓过爱你一生一世，但忠诚于彼此。爱一个人，意味着忠诚和责任。我一直认为，对事业、家庭、子女的态度，与对国家、民族的态度应该是统一的，因为每个人的命运和国家、社会都联系在一起。"

婚后，他们有过平静而幸福的家庭生活。1957 年之后，政治运动接二连三：反右派、下放劳动、"反右倾"、"四清"、坐牢、劳改、平反……他们经受了普通人难以想象的冲击和磨难，然而，婚姻关系从未动摇过。"这期间，我经历了许多坎坷和辛酸，除了身体上的创伤，更重要的是心灵上的痛苦，一种不被人理解信任、失去自由失去方向的痛苦。"杨勋说，坐牢时她给丈夫写过一封信。"你赶快和我离婚吧，别连累你。"而她的丈夫，坚定地相信自己的妻子是无辜的。"他坚决不和我划界限，还为我写辩护材料，放在鸡窝里藏着。"当时，有很多家庭被政治运动冲毁，有的人还因被家里人"划清界限"而悲愤自杀了。

两位老人对于婚姻的理解是："恋爱是一种激情，婚姻是严肃认真的责任。进入婚姻后，爱情与亲情融合，而且亲情的比重越来越大，亲情是家庭牢固的基础。特别是有了儿孙之后，亲情会更加浓烈。"

谈子女：相信家庭里每一个成员

杨勋曾在《心路》一书中描述过自己对于孩子的感情："1969 年 1 月 31 日，我离开了冰冷的功德林监狱回家，我的门上不再有巨大的铁锁，还可以一个人随便走动，再也无人押送了。那时的家，老赵为了养育两个正值发育期的孩子，两年中受尽苦难，也欠了很多钱。记得有一天我路过南大街买了 10 个芝麻烧饼（5 分钱 1 个）想犒劳一下爱人和孩子，当我把烧饼装进小布袋子正要付钱时，发现钱包里只有 4 角 7 分钱，我说改日来送 3 分钱，可人家就是不干，没办法只得退回一个滚烫的烧饼。"

令人欣慰的是，虽然经历过很多历史风波的冲击，赵履宽和杨勋在学术领域依然取得了出色的成绩。他们的三个孩子都很出色。三个儿子生育了八个孙子，成就了"四世同堂"。

老三赵萌在现场发言说："我们选择的道路不是父母所策划的。我们三兄弟都按照父母顺其自然的教育方法成长，在不同的领域发挥出各自的优势。"

两位老人寄语年轻人：珍惜你的家庭、婚姻、子女，相信你家庭里每一个成员，他们会及时调整好各自的状态。对于他们的选择，不要过多地干涉。

谈海南：享受生命之"三宝"

"1999 年，我在办理完离休手续之后，做了一个重要的决定，从北京迁移到祖国自然生态环境最佳之地——海南岛，以享受生命之'三宝'.”赵履宽说：洁净的空气、充足的阳光、高质量的饮用水，是生命“三宝”。这“三宝”，是大自然赐予人类的最宝贵的礼物，但在工业化、现代化以及高科技化的猛烈冲击下，它们变得日益稀缺。

“来海南后我基本不吃药，身体很好。”赵履宽说。一直到现在，他依然继续工作，每年还招收一两个博士生。

“党的十八大要求重视生态，这是很英明的。”赵履宽说，一百多年来，地球上出现过经济难民和政治难民，近几十年来，又增加了一种难民——逃离生态环境恶劣之地的生态难民。而且数量日益增加。“人类急功近利，透支宝贵的环境资源，这是把子孙后代的饭碗抢走的恶劣行为，若不及时醒悟，必将跌入自掘的陷阱。”赵履宽郑重地说，海南有着原生态的美好环境，一定要珍惜这种资源。

（《南国都市报》记者　许欣　2013年1月4日）

六、对赵履宽教授讲座内容的摘编及感悟

前言

赵履宽教授每年秋季新学期开学后最初的日子，在新入校博士生正式上课之前，都会对博士生开一个讲座，从哲学、传统文化及当下重大社会问题的视角，对博士生进行思想上、理论上及专业上的教诲与指导，为劳动经济、劳动关系、人力资源管理、社会保障的博士生的培养奠定一个广阔而扎实的学科基础。作为赵老师的弟子，我参加了大部分恩师的讲座。本文是我参加讲座的课堂笔记和感想，记录了赵老师深厚的文化底蕴、深远的眼光和深邃的思想。

影响人类命运的七大观念——对社会与人文科学的思考

2011 年 9 月 14 日

这七个观念都是哲学上的观念，关于宇宙、社会、人生的科学。

第一个观念：人性。它是基础性、根源性的观念。

第二个观念：人权。人的需要的法律保证是人权，在美国《独立宣言》中包括生存权、自由权、追求幸福的权利。我认为还应该加一个平等权。

第三个观念：自由。

第四个观念：平等。

第五个观念：公道。西方叫正义。

第六个观念：仁爱。西方叫博爱。

第七个观念：自然。老庄哲学：道法自然。

关于自由，罗斯福认为："自由是人的最大需要"，"人类有免于贫困的自由，免于恐惧的自由，信仰自由和言论自由"。赵老师认为，自由就像鲜花和空气，自由是权利和能力的统一。

关于公道，即公众认同的大道理。左派偏向平等，右派偏向自由。罗尔斯《正义论》主张"正义优先"。

关于仁爱，孔子从"亲亲"到"天下为公"。人类智慧有三大侧重点：古希腊人是"知识"，犹太人是"信仰"，中国人是"仁爱"。

关于自然，老子提出"为无为，则无不治"。《道德经》5000余字，是中国哲学之根。老子提出"道法自然"，庄子崇尚"无用之用"。

这一讲从人类命运的七大观念——人性、人权、自由、平等、公道、仁爱和自然出发，来思考人文与社会科学。从人性出发，人性是基础性的、根源性的，休谟曾在其著作《人性论》中谈到人性对科学研究的意义，人性是人文社会科学研究的基础和核心，就像战争中的攻城略地，只有直捣首都或皇城，才能解决根本问题。一门学科如果要成为真正的科学，就必须研究人性问题，劳动科学更是如此。

对于人性，从先秦到现在一直有争议，目前尚无定论。有四种观点：一是人性恶，代表人物是荀子，把人的私欲与恶等同起来；二是人性善，代表人物是孟子；三是人性既善又恶，代表人物是英国的洛克；四是人性无善无恶，代表人物是战国时期思想家告子。赵老师比较认同人性无善恶。"人心分善恶，人性无善恶"。对于人性的善恶，一方面要弄清楚什么叫善恶，一方面要弄清楚个体群体在人性上的差别。对于人权，要将人权和权利的关系解决好，寻找平衡点，真正做到人本。自由、平等、公道

（正义）、仁爱（博爱），在西方是通过启蒙运动形成的价值观，在中国传统哲学中也有所体现。这些观念随着经济的发展、时代的进步，被越来越多的人所追求，直至不断地深植人心。当然，人文社会科学的进步发展，更应该遵循和体现这些观念，将其作为我们学科发展、科研的原则。比如说正义，柏拉图的《理想国》就从论证正义与不正义开始，到一步步建立理想的国家。正义又分为程序正义和实体正义，正义欲得到伸张，必然需要建立良好的道德秩序和法律秩序，罗尔斯的《正义论》就主张"正义优先"。公道即正义，国家没有公道则不能被民众信任，民族没有公道则万难长存，一个人没有公道则会被社会唾弃；公道是社会发展的无形之手，维护着整个秩序；公道是做人做事的基本法则。仁爱、自然更为重要和深刻，是社会进步和发展必不可少的。

最后是自然，中国传统道家哲学提出"道法自然"。"道法自然"一是指不应以人类私利为中心而对自然环境妄加干预破坏；二是人类的一切行为皆应顺从自然，一切按照万物的自然本性运行；三是追求人类原本的精神境界。在人与自然关系上，要求人类效法自然、顺应自然，使天地万物都处于自然和谐状态。道家的"道法自然"思想，能够为现代人正确处理人与自然关系提供哲学基础，引导人类把尊重、爱护自然转化为内心的道德律令，自觉地顺应自然、师法自然、亲近自然，真正做到人与自然的和谐统一。

从自然的人性出发，追求一系列人权，最终回到人性的自然，就是一个完整的人文社会科学发展规律。总之，影响人类命运的这七大观念，从人类历史发展进程的视角、中西方对比的视角以及长时空的视角来看，超越了不同国家民族、不同历史阶段，是宇宙永恒的观念，这也便是道家的"道法自然"。

回归常理：当下经济学、政治学、伦理学、哲学的观念误导

2012 年 9 月 12 日

什么是常理？常理就是老子《道德经》的"常道""恒道"，是长久起

作用的道理、规律。

有人统计，目前有 5500 个学科。

经济学。社会科学的皇冠。在经济学方面违背哪些常理呢？经济学的第一个命题是资源是有限的，人的欲望是无限的。然而人类既不珍惜资源，也不限制欲望。威廉·配第说："劳动是财富之父，土地是财富之母。"但现实中，人们常常违背这个常理。第二个命题是公平竞争和垄断。公平与竞争是市场常理，竞争的对立面是垄断。垄断之一是行政权力的垄断，之二是自然资源垄断，之三是分配不公问题，之四是违背"量入为出"道理。

政治学。提倡民主政治。"政治民主化、经济市场化、文化多元化"。民主包括程序民主和实质民主。孔子曰："为政以德。"民主政治解决两个问题：约束掌权者不做坏事，保障全体公民的权利。

伦理学。强调法律道德。要学会四个词：谢谢你，对不起，你好，一起吃。

哲学。人文科技生态三者平衡的发展观。

何谓伟人？兼论启迪人类良知的六位伟人

2013 年 9 月 13 日

（一）为什么讲这个题目？

如今价值观混乱，金钱崇拜、权力崇拜。社会上名人大多数是获得权力、金钱的人。问题很严重，要用伟人崇拜制约权力崇拜、金钱崇拜。

（二）伟人的特质

1. 伟人：真与善的人格化。善即同情心，真即不变的事实。

2. 立德、立言、立功的践行者。儒家做人的标准，不同伟人重点不同。

3. 人类长远幸福的追求者。社会科学是追求幸福的学科。

4. 正确目的和手段的坚持者。目的是长远幸福；手段也要正确，反对不择手段。

5. 保持"晚节"。

6. 伟人要有情、有义、有趣。

（三）六位伟人

古希腊哲人：苏格拉底、柏拉图、亚里士多德。

中国先秦哲人：孔子、孟子、老子。

苏格拉底

理念：知识代表善，物欲导向罪恶。强调知识的重要性。首次提出命题：人该怎样活着？强调信誉。

柏拉图

柏拉图是苏格拉底的学生，20 岁拜苏格拉底为师。他热衷哲学，重要的观点集中在《理想国》。创办柏拉图学园，著作 40 多篇。

亚里士多德

柏拉图的学生。在柏拉图的学园中求学 40 多年，兼任教师。经常与老师辩论，多才多艺。他的著作涉及政治学、逻辑学、美学等。他认为，人是天生的政治动物，权力腐蚀性大。在伦理学方面，提出中道，不要左和右。政权应由代表中产阶级利益的人掌握。他说："吾爱吾师，吾更爱真理。"

孔子

中国有两大优势：人力资源数量多、质量高；博大精深的传统文化。《论语》的核心价值观——仁，"亲亲"是仁爱之根。"己所不欲，勿施于人"。教育思想——万世师表，有教无类。孔子对西方影响很大。

孟子

儒家称孟子为"亚圣"。孟子的政治思想了不起，文学修养高，文章写得好。应精读《孟子》。

老子

评价老子的人大都是大学者。老子既有人道主义，又超越人道主义，

"道法自然"，"知足不辱，知止不殆"，"死而不亡者寿"。

这篇讲伟人。一提起伟人，我们都会想到政治领袖、商业奇才抑或耀眼的体育明星等等，但是赵老师在本讲一共提到了六位伟人：西方的苏格拉底、柏拉图和亚里士多德以及中国先秦哲人老子、孔子和孟子。他们和大家平常所说的伟人不同，他们都是哲学家。而在当下将哲学家作为伟人似乎是很少见的。

首先从价值观的角度来讲述。当下社会一提到名人，基本上都是些获得权力、金钱的人。对某一名人的崇拜在一定程度上就是对权力的崇拜、对金钱的崇拜。这种崇拜一旦在社会上蔓延开来，便会形成错误的价值观，反过来对社会造成消极的影响。然而，就像小孩子崇拜英雄一样，人类社会还是需要崇拜的。曾经有这样一段话："当一个国家、社会崇拜知识时，这个国家、社会是进步的；当一个国家、社会崇拜自由时，这个国家、社会是文明的；而当一个国家、社会崇拜金钱时，这个国家、社会是腐化的；当一个国家、社会崇拜权力时，这个国家、社会是堕落的。"那么，拥有"知识""自由"等高尚品质，能够带给社会以文明和进步的人必然是我们所需要的伟人。因此，面对权力崇拜、金钱崇拜，我们还是需要用真正的伟人崇拜来制约。比如这六位哲学家就是我们的伟人。

苏格拉底、柏拉图和亚里士多德是西方的三位先哲。苏格拉底认为知识代表善，物质导向罪恶。强调知识的重要性。柏拉图是苏格拉底的学生，其重要的观点集中在《理想国》。柏拉图认为最多理智的哲学家才能为王。理想高于现实，精神高于物质，真善美是内在美，比例协调是内在美。亚里士多德是柏拉图的学生。他的著作涉及政治学、逻辑学、美学等。他认为人天生是政治动物，权力腐蚀性大。在伦理学方面，提出中道，不要左和右。将三个人进行对比可以发现，苏格拉底更多的时候强调一种个人美德，而柏拉图则是从国家的意义上提出了追求社会、城邦正义的理想，亚里士多德则把二者的思想发扬光大。这三位伟大哲人的思想一脉相承，气贯长虹，对后世影响巨大，直到今天。

　　老子、孔子和孟子则是东方的三位先哲。老子是道家的创始人，老子提出"道法自然""祸莫大于不知足""死而不之者寿"等思想；孔子的核心观点是仁，"己所不欲，勿施于人"。在教育思想上，主张有教无类。孔子开创了儒家，其思想对西方影响很大。孟子继承和发展了儒家思想，儒家称孟子为"亚圣"。孟子具有人本主义政治思想，"民贵君轻"，人权大于主权，主权大于政权等等。孟子的重大贡献是健全人格标准，"富贵不能淫，贫贱不能移，威武不能屈，此之谓大丈夫"，认为人格高于财富、权力、地位。这三位伟大的先哲，能够准确地看待自然、社会和人生的变化与发展，用睿智的眼光告诉我们要正确对待进与退、得与失、名与实，并为我们的生活和实践提供有益的指导。

　　东西方的六位先哲都有作为伟人的共同特点。作为理想主义者，他们的一生都在追求人类长远的幸福；作为哲学家，他们是真善美的化身，并矢志不渝地立德、立言、立功来践行；作为教育家，他们都具有一份仁爱之心。"君子坦荡荡，小人长戚戚"，他们作为伟人是无可厚非的。总之，伟人的生命是有限的，但伟人的精神是无限的。人生是需要正确的价值观来支撑的，真正的伟人正是拥有正确价值观的人，能够无怨无悔地、尽心尽力地奋斗，不断地努力付出和实践。当前，各种思想意识的多元多样多变，东西文化交流交融交锋，导致部分人价值观迷失，面对东西方先哲，我们更应该学习他们的那些"伟人品质"，做好科研和教学工作。

中华传统文化与快乐之道——人生十二乐

2014 年 9 月 15 日

　　先秦文化在中国的文化宝库中占据最重要位置，百家争鸣，儒、道、法、墨四家思想影响深远。《道德经》《论语》《孟子》必须读。

　　幸福＝健康＋快乐

孔子曰："知之者不如好之者，好之者不如乐之者"。

亲亲最乐。

交友有乐。

知足常乐。

助人为乐。

苦中求乐。

趋中致乐。

自得其乐。

读书雅乐。

行路可乐。

劳动之乐。

养生之乐。

自然永乐。

　　这次讲座是从传统文化的角度探讨快乐——人生有十二乐。十二乐之中，亲亲最乐，亲亲之乐即是天伦之乐，这是宇宙自然赋予人类的一大享受。交友有乐，交友可以使人产生愉快、轻松、乐观、充满希望的情绪，好的朋友使我们充满勇气，充满信心，拥有无限的友情。知足常乐，知足在于安静淡然，行也安然，坐也安然，富也安然，贫也安然，更在于名也不贪，利也不贪，恬淡寡欲，清静无为，宁静而致远。助人为乐，把帮助别人当作最大的乐事，则心情愉快，胸襟开阔，助人最终助己。苦中求乐，很多时候，吃得苦，做事方能成功，有度量，道德才会高尚，在不触犯原则的小事情上，有时候吃亏是福。趋中致乐之中庸之道，居中平庸，既不为之过，也无不及者为中。而庸者平庸也，寻常而不突出、平凡意也。指我们往往采取不偏不倚、调和折中的态度处世，是儒家的主张、传统的美德、做人的风范。自得其乐，快乐是幸福的追忆，可得到妙不可言的结果。常常勾画未来生活的美景，勤于跳跃思维，往往便能从中得到乐趣。读书雅乐，知识是人的精神食粮，活到老学到老，是人类认识世界的精神动力，也是生命之最快乐的追求。行路可乐，生命在于运动，多运动寿才长。明月清风随意取，青山绿水任君游。行路不仅带来知识增长之乐趣，亦能使身心愉悦。自然永乐。"天之道，损有余而补不足。人之道，则不然，损不足以奉有余"，顺应自然则天地宽，胜不骄，败不馁，心清静，健身体，这就是最大的乐。

这十二乐是古人的智慧，就像南怀瑾所说，中华有博大精深的文化，所以不可战胜。"乐"也是中华文化中很重要的一部分，快乐之道古已有之。孔子曰："知之者不如好之者，好之者不如乐之者"，说的就是学习研究中的快乐之道。我们搞学习研究的人，也要做到"乐学"。按照孔子之言，从事学习研究的人，不如喜爱学习研究的人；喜爱学习研究的人，又不如以学习研究为乐的人。在快乐中学习研究，既能提高学习研究的效率，还能够加深对知识的理解，这样学到的才能够灵活地运用。可见"乐学"才是学习研究的最高境界。

快乐是幸福的秘诀。赵老师说的"幸福＝健康＋快乐"简单却极为深邃，不快乐的人何谈幸福！像亲亲最乐、交友有乐、知足常乐、助人为乐、苦中求乐、趋中致乐、自得其乐、读书雅乐、行路可乐、劳动之乐、养生之乐、自然永乐，都离不开一个"乐"字，如能做到就自然永乐，幸福永远了。

中华传统文化之精髓

2015 年 10 月 14 日

习近平最近提出"中华民族伟大复兴的中国梦"。伟大复兴最重要的是文化复兴。怎么复兴？首先要复兴到先秦的春秋战国，中国文化的根在春秋战国。

孔子曰："己所不欲，勿施于人"，"君子中庸，小人反中庸"。

孟子曰："民为贵，社稷次之，君为轻"，"穷则独善其身，达则兼善天下"。孟子堪称民主政治的祖师爷。

老子曰:"人法地,地法天,天法道,道法自然","为无为,则无不治"。

墨子曰:"兼相爱,交相利","赖其力者生,不赖其力者不生"。

普世性的共同价值:和平、发展、公平、正义、民主、自由。

本讲讲中国传统文化之精髓。开篇讲到习主席提到的"中华民族伟大复兴的中国梦"。的确,民族复兴的根本就在于文化的复兴和认同。文化的复兴和认同首先要弄清楚文化的精髓,文化的意义本来就是让我们时刻不忘自己是谁,不忘自己的过去,从而去思考我们能够有一个什么样的未来。中国文化的根在先秦,我们探寻中国传统文化之精髓就应该回到先秦。

中国传统文化的源流从《易经》开始,衍生出儒墨道法等流派。首先是道家。老子的《道德经》是把个人、家庭、国家、社会,乃至宇宙万物都彻彻底底讲遍了的一本书,虽然只有五千余字,但内容十分精彩。它所讲的"道"和河图洛书、周易八卦的思想都是相通的,影响深远。诸子百家的源头,都可以在这里找到。而庄子,继承了老子又升华了老子,他的思想不仅突破一隅,也突破一方。其次是墨家。墨子曰:"兼相爱,交相利",墨家主张人与人之间平等相爱,反对侵略战争,重视文化传承,掌握自然规律,具有很强的普适性价值。再次是儒家。孔子的道,讲的是大道,是经世济国、开万世太平的大道。孔子弟子所编著的《论语》,根深蒂固地影响了中国几千年,中国人的伦理观念,大多都是由孔子塑造的。孔子的思想,已经融入了中国人的血液中。孔子之后是孟子,孟子思想的核心,讲的是义。有义的人,就是大丈夫。失道亡德,礼崩乐坏,仁已不存,那么义不可再失。孟子认为,一个人如果不讲义,跟禽兽有什么区别呢?而孟子之后便是荀子,荀子开始以礼守道,主张性恶论,提倡对百姓进行自上而下主动规训式的教化,而不能靠他们的自觉。强调经世致用的大儒精神。在他看来，不能结束社会战乱，带来国家太平的思想，都是没有价值的言论。最后是法家。三千年皆为秦政，这个秦政理论总源头，就是商鞅及《商君书》。商鞅塑造了秦，秦又塑造了中国后世几千年的国家。可以认为，是商鞅影响并间接塑造了中国几千年的历史。接着是韩非子，韩非是荀子的学生，他升华了荀子的思想。秦始皇之所以能够统一中国，韩非子的思想功不可没。

先秦诸子百家，共同构成了中国传统文化之精髓。当今社会，有一种错误的虚无主义价值观，主张民族虚无主义、历史虚无主义和文化虚无主义。掌握中国传统文化之精髓，是一种文化自信，也是未来中华民族复兴路上很多事业的出发点。作为学者，我们也应该思考，在人文社会科学这个研究领域，我们应该生产什么有价值的思想和理论，创造什么样的可以影响全球，并能推动人类文明进步的全球性思潮。其实在整个人类历史上的学界，那些传统优秀文化的创造者，如先秦诸子百家就是世界性的思想家和理论家，他们同样也是世界性的学者。

同时，我们也要在掌握传统文化之精髓的基础上与时俱进、不断创新。一个国家、一个民族要创新，首先，思想上、文化上要走到创新的最前线，它是深层次的精神驱动力和文化驱动力。这是创新的最上游。知识结构的创新，也是学习掌握传统文化之精髓的最高要求。一座楼能盖多高，在于它的根基有多牢。一个民族在文明上能走多远，在于她的文化底蕴有多深厚。这大概就是我们要掌握中华民族传统优秀文化精髓之原因所在。

中华传统文化之精华

2016 年 9 月 9 日

先秦时代，百家争鸣，百花齐放。春秋战国时期与西方古希腊、印度释迦牟尼同时代。

书法家黄启雄按赵老师选编的内容，用汉字楷书展示中国传统文化之精华。

第一幅：孔子——己所不欲，勿施于人；君子中庸，小人反中庸。

孟子——天时不如地利，地利不如人和。

老子——道法自然，祸莫大于不知足。

第二幅：天下为公，天人合一，天理良知，天道酬勤。

第三幅：自然颂。道法自然，心存自然，顺其自然，感恩自然，成于自然，大美自然。

第四幅：大道真善美。大道至简，道法自然，道高于器，中道和谐，得道多助，天道酬勤。

第五幅：自然生态至上，人类生命至上，天下为公至上，人民权利至上。

第六幅：少则得，多则惑；多言数穷，不如守中；功成事遂我自然。

第七幅：文化自信，抽象继承。

第八幅：不战而屈人之兵，善之善者也。

第九幅：人生十二乐。亲亲之乐，中道之乐，苦中求乐，交友之乐，自得其乐，劳动之乐，知足常乐，读书雅乐，养生之乐，助人为乐，践行之乐，自然永乐。

这一讲，讲中国中华传统文化之精华。赵老师一共给我们描述了九张条幅，涉及传统文化的诸多方面。讲文化之精华，就有文化之糟粕，从五四运动的"文化反思"开始，对中国传统文化便一直有精华与糟粕之争。对中国传统文化取其精华弃其糟粕，是当代中国人的共识，但传统文化精华多还是糟粕多，及何为精华何为糟粕，理解各不相同。我们要很好地区分传统文化中的精华与糟粕，并且吸收精华，去除糟粕，这样才能在很好继承的基础上创造文化，丰富传统文化。

学习传统文化之精华，首先要明白自己是谁，应该怎样做好自我。先贤告诉我们，"为天地立心，为生民立命，为往圣继绝学，为万世开太平"，就像赵老师讲的第一、二、四幅，一个人，从关心自己开始，不断地关心他人，关心社会，关心世界，不断地升华，到了后来，就会产生远大的抱负。当下许多人只是关注一己之身的奋斗，并没有超越一己之身的关怀。但是作为学者、教师，我们更应该点燃自己，照耀别人，照亮社会。

学习传统文化之精华，其次要我们形成良好的气质。"腹有诗书气自华"，"浩然正气，风度翩翩"。这就是赵老师所讲的自然颂与人生十二乐。一个人能被别人视为气度非凡，必然是一个注重修养、注重内在精神文化的人。越是具有文化自信，越能做到顺其自然、成于自然，而后卓尔不群、气度非凡。这其实就是文化的沉淀。

学习传统文化之精华，让我们可以化庸俗为文雅，化腐朽为神奇，化浑噩为灵气，化浅薄为深邃，化窝囊为伟岸，从而升华出对人、对物、对社会的关怀。"大道真善美""大道自然"，沉淀了优秀文化之精华，必然使人生出一团正气，一团和气，从而生出对人对物对社会的关怀。

因此，学习传统文化之精华，我们就要做一个从有文化知识到有思想的人。有文化知识和有思想是不一样的。有文化知识，往往更多考虑的只是文化知识从哪里来，而有思想则要考虑文化知识从哪里来，为什么会这样，互相之间的关系是什么，最终向哪里去。作为学者，我们就要知其然知其所以然，将中华传统文化之精华化于心。我们当前所处的时代，也需要大量真正能够学习并掌握传统文化精华的人，进而进行文化创新，尤其是人文社会科学研究，需要为学科发展提供世界水准的思想和理论，进而为社会发展提供思想理论和文化基建。这样才能实现文化自主，文化自信。总之，我们要学习中华传统文化之精华，以天地为依，以圣人为师，以经文为学，做精神"贵族"，做文化"贵族"。

（仇雨临整理）

附录二

汉字楷书——借古论今

一、汉字楷书展示中华文化之真善美

近20年来，我的学术兴趣，回归哲学——青年时期的专业选择。2000年，巧遇书法家黄启雄君，成为忘年之交。我因此产生一个想法：若将黄君的书法艺术与我所信仰的中华哲理结合起来，或可收到相辅相成之功效。于是，我们共同完成了一些书法作品，现从中选出二十余幅附于本书，就教于读者。

1. 人类文明之冠

2. 文化自信

3. 中华三圣救世六言

4. 中华传统文化之精髓

5. 孔子人性论新解

6. 五圣真言互补

7. 中华大道之真善美

8. 中华之天下观

9. 至上观

10. 八十有七赵履宽颂老子为人处世之道

11. 天人合一

12. 和为贵　道为高

13. 中华特色之宗教

14. 真理之辨

二、　汉字楷书作品展示

人类文明之冠

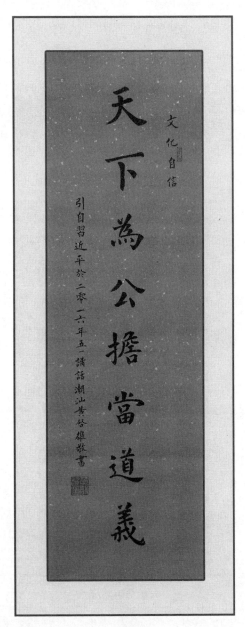

文化自信

中华三圣救世六言

中华传统文化之精髓

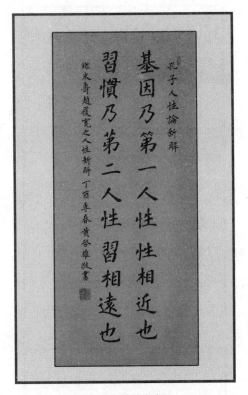

孔子人性论新解

五圣真言互补

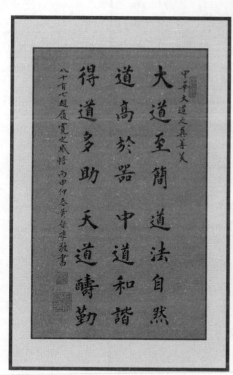

中华大道之真善美

中华之天下观

177

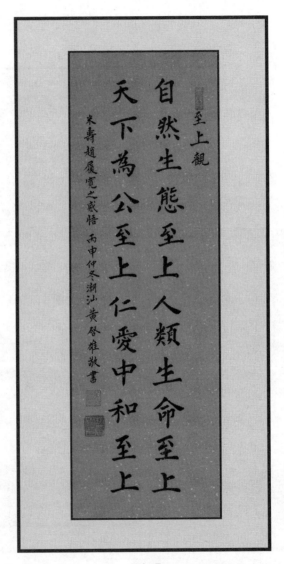

至上观

八十有七赵履宽颂老子为人处世之道　　　　　　天人合一

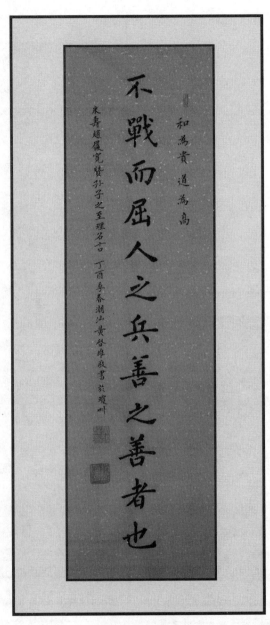

和为贵 道为高

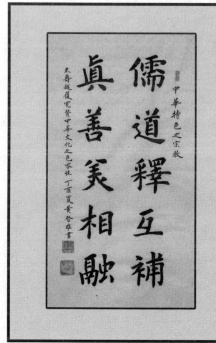

中华特色之宗教

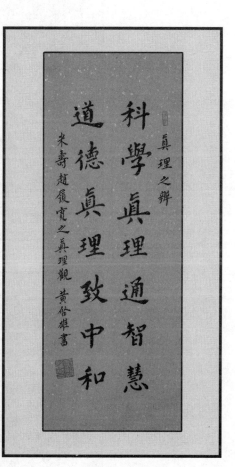

真理之辨

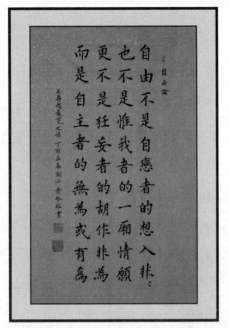

自由论

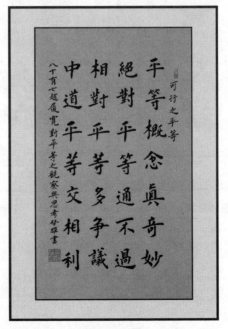

可行之平等

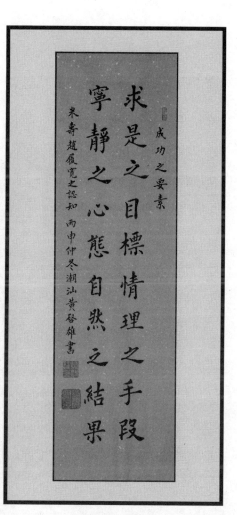

不败之道　　　　　　　　　　　　成功之要素

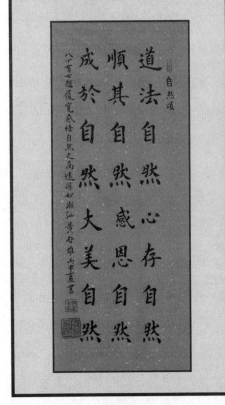

自然颂

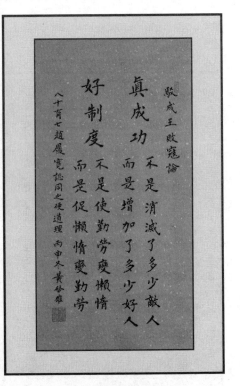

驳成王败寇论

天地人之关系

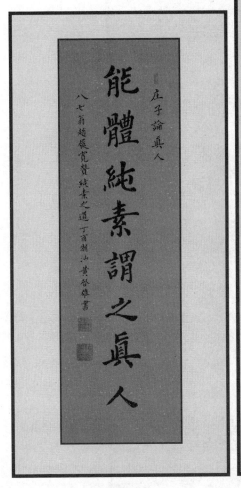

庄子论真人　　　　　　　　　　　言行与善恶

纪念中国农村发展问题研究组成立三十五周年

中华文化与改革发展

人生十二乐

祝赵履宽教授八十寿诞集一百一十字赞

附录三

赵履宽主要著作目录

一、论文类

[1] 为纪念"在烈火与热血中得到永生"的人们而写的书. 人民日报，1951 - 01 - 14.

[2] 从苏联的农产品义务交售制度看我国的农产品统购制度. 教学与研究，1955（总 29）.

[3] 苏联农业集体化胜利以后的粮食采购方法. 粮食工作，1956（6 - 7）.

[4] 农业合作化以后的粮食购销业务工作. 粮食工作，1956（16）.

[5] 社会主义制度下的商品生产由什么决定. 大公报，1957 - 03 - 29.

[6] 实现农业合作化和开放自由市场以后农产品采购工作中的几个问题. 大公报，1957（总 45）.

[7] 略论我国自由市场的性质. 教学与研究，1957（总 46）.

[8] 商业工作如何贯彻社会主义建设的总路线——学习总路线的一点体会. 教学与研究，1958（7）.

[9] 关于我国商品生产的几个问题. 教学与研究，1959（4）.

[10] 社会主义商业在国民经济中的作用（与曾洪业合著）. 光明日报，1960 - 02 - 15.

[11] 对社会主义制度下商品价格构成诸因素的分析（与张文合著）. 新建设，1963（12）.

[12] 论社会主义制度下商品差价的客观基础及制定差价的依据（与

项镜泉合著）. 经济研究，1964（2）.

　　[13] 社会主义制度下价格的职能及其运用. 新建设，1964（3）.

　　[14] 略论工农业产品的比价问题. 光明日报，1964－03－30.

　　[15] 驳"四人帮"在劳动报酬形式问题上的谬论. 人民日报，1977－11－22.

　　[16] 生产力是最革命的因素——驳"四人帮"在生产力问题上的谬论. 哲学研究，1978（1）.

　　[17] 论计件工资. 经济研究，1979（2）.

　　[18] 实现四个现代化是我国新时期最大的政治——学习党的十一届三中全会公报的一点体会. 教学与研究，1979（2）.

　　[19] 劳动工资方面亟待解决的几个问题. 经济学动态，1979（3）.

　　[20] 论教师的劳动. 人民教育，1980（4）.

　　[21] 我国当前劳动就业的几个问题. 人民日报，1980－08－19.

　　[22] 再论劳动就业问题. 人口研究，1981（4）.

　　[23] 论社会主义条件下劳动力的个人所有制——兼论劳动者的职业选择权（与王子平合著）. 经济理论与经济管理，1981（5）.

　　[24] 当前我国城镇劳动者的就业问题. 中国社会科学，1981（6）.

　　[25] 我国的工资问题. 经济问题探索，1982（1）.

　　[26] 按劳分配·劳动计量·思想教育. 教学与研究，1982（3）.

　　[27] 关于我国劳动力相对过剩条件下的就业问题. 人民日报，1982－03－02.

　　[28]《劳动科学》的研究对象问题. 经济学周报，1983－01－17.

　　[29] 略论按劳分配制度与共产主义劳动态度的关系. 中国劳动，1983（2）.

　　[30] 我国工资制度的改革问题. 经济研究，1983（2）.

　　[31] 开发和利用劳动力资源的几个问题. 未来与发展，1983（4）.

　　[32] 也谈劳动就业制度的改革. 人民日报，1983－04－11.

[33] 我国劳动力资源的现状与前景．未来研究，1983（6）．

[34] 论劳动合同制．人民日报，1983-09-07．

[35] 关于我国劳动力资源的几个问题．经济问题探索，1983（12）．

[36] 论劳动观点——纪念列宁《伟大的创举》发表65周年．青年就业与劳动论丛，1984（3）．

[37] 劳动社会学的对象与方法．青年就业与劳动论丛，1985（1）．

[38] 关于我国城镇的就业与工资问题．青年就业与劳动论丛，1985（2）．

[39] 按劳分配与工资改革．经济理论与经济管理，1985（3）．

[40] 论社会主义工资的职能——有关工资制度改革的一个基本理论问题．中国工业经济学报，1985（4）．

[41] 我国劳动就业、工资分配制度的演变与改革．教学与研究，1985（Z2）．

[42] 商品经济条件下的按劳分配与工资制度．经济科学，1986（1）．

[43] 改革劳动管理制度要适应经济改革总要求．中国劳动人事报，1986-01-08．

[44] 市场机制与企业工资改革——探索企业工资改革的新路子（与杨体仁合著）．经济理论与经济管理，1986（4）．

[45] 关于劳动合同制的几个理论问题．人民日报，1986-10-24．

[46] 引进市场机制——我国劳动经济体制改革的关键所在（与杨体仁合著）．中国人民大学学报，1987（3）．

[47] 现代领导者应确立的八大观念．人才研究，1987（10）．

[48] 重新设计目标模式，建立以劳务市场为中介的间接控制体制——关于劳动、工资、保障制度改革问题．理论内参，1987（10）．

[49] 适应商品经济的发展，必须分离政府、所有者、经营者、劳动者的职能．中国机械报，1987-10-06．

[50] 运用市场机制　实行按劳分配．经济纵横，1988（1）．

[51] 应通过劳动市场实现按劳分配．经济理论与经济管理，1988（2）．

[52] 改革中的一个大难题：如何使个人收入分配趋向合理——兼论当前的工资、物价、通货问题．北京社会科学，1988（4）．

[53] 论工资与物价的关系——按照"国家调节市场、市场引导企业"机制来设计工资和物价的改革模式．中国经济体制改革，1988（4）．

[54] 建立新型社会保障体制——兼论社会主义商品经济新秩序．经济日报，1988-06-03．

[55] 什么是企业工资与经济效益挂钩？．人民日报，1988-06-27．

[56] 解决个人收入分配不公平问题的新设想（与杨体仁、文跃然合著）．经济研究，1988（7）．

[57] 评放权让利和双轨制的改革思路．改革，1989（2）．

[58] 略论建立商品经济的权力结构．中国行政管理，1989（2）．

[59] 中国经济体制改革与人力资源开发．劳动与人事，1989（3）．

[60] 劳动人事管理及其改革．改革，1990（4）．

[61] 我国工资理论研究新成果：评曾湘泉《经济增长过程中的工资机制》．人民日报（海外版），1991-07-23．

[62] 略论市场权威与政府权威的关系——我国经济体制改革中的一个关键问题．财贸经济，1992（8）．

[63] 市场经济与观念更新．经济资料，1993（2）．

[64] 按劳分配必须与市场机制相结合．经济时报，1993-08-06．

[65] 我的经济改革观．中国人力资源开发，1993（3-4）．

[66] 中国的当务之急——体制改革与人力资源开发．中国人力资源开发，1994（6）．

[67] 走出社会保障问题上的认识误区．改革，1994（5）．

[68] 论人力资源开发．经济问题探索，1995（1）．

[69] 重建新型的企业用人制度．管理世界，1995（5）．

[70] 现代劳动人事管理领域中的又一本新作——评《现代人员素质

测评》. 中国公务员杂志, 1995 (6).

[71] 国企用工制度改革端起新的"铁饭碗". 经济工作导刊, 1995 (7).

[72] 中国的法宝：人力资源开发. 北京人事, 1995 (7).

[73] 一部高水平的劳动问题专著——评《劳动关系·劳动者·劳权——当代中国的劳动问题》. 中国劳动关系学院学报, 1996 (4).

[74] 劳动者的权利保障. 现代企业导刊, 1996 (4).

[75] 沈阳寿险模式很可贵. 理论界, 1997 (1).

[76] 谨防对国有企业改革进程的扭曲、干扰和拖延. 改革, 1998 (1).

[77] 关于收入分配问题的理论思考（与王成栋合著）. 人民日报, 1998-07-23.

[78] 中国劳动体制改革二十年（与杨宜勇、辛小柏合著）. 厂长经理日报, 1998-08-30.

[79] 世纪末的呼声：尽快走出"双轨制". 中国改革报, 1998-10-21.

[80] 自然秩序高于人为秩序. 中国企业家, 1998 (11).

[81] 最大的危险是改革不彻底. 领导决策信息, 1998 (14).

[82] 全面推行职业资格证书制度 开发中国人力资源的新贡献——评《职业资格考评的理论与方法》. 中国人力资源开发, 1999 (7).

[83] 关于21世纪人力资源开发的几个问题. 中国人力资源开发, 2001 (5).

[84] 回顾与展望——中国劳动学会创建20周年随想. 中国劳动, 2001 (11).

[85] 人力资源学科领域的一本新著——评萧鸣政的《人力资源开发学——开发组织内人力资源的理论与方法》. 中国人民大学学报, 2003 (5).

[86] 全球化背景下人力资源管理对劳动关系调整手段的影响. 中国劳动, 2006 (7).

二、 专著、教材类

[1] 劳动经济与劳动管理（与潘金云合著）. 北京：北京出版社，1984.

[2] 劳动社会学概论（与王子平合著）. 上海：上海人民出版社，1984.

[3] 人事管理学概要（与伍岳中等合著）. 北京：中国劳动人事出版社，1986.

[4] 人事管理和社会学. 北京：中国展望出版社，1986.

[5] 工资管理（与董克用合著）. 沈阳：辽宁人民出版社，1987.

[6] 中国劳动经济体制改革（与杨体仁等合著）. 成都：四川科学技术出版社，1988.

[7] 更新观念体系——中国经济体制改革的当务之急. 南京：江苏人民出版社，1992.

[8] 现代劳动经济学（与杨体仁、姚先国等合著）. 北京：中国劳动出版社，1998.

图书在版编目（CIP）数据

道法自然　心向往之：我的八十八个春秋/赵履宽著 . —北京：中国人民大学出版社，2017.12

ISBN 978-7-300-25159-2

Ⅰ . ①道… Ⅱ . ①赵… Ⅲ . ①赵履宽-自传②人力资源开发-文集 Ⅳ . ①K825.46 ②F240-53

中国版本图书馆 CIP 数据核字（2017）第 287823 号

道法自然　心向往之

——我的八十八个春秋

赵履宽　著

Dao Fa Ziran　Xin Xiangwang Zhi

出版发行	中国人民大学出版社			
社　　址	北京中关村大街 31 号		**邮政编码**	100080
电　　话	010 - 62511242（总编室）		010 - 62511770（质管部）	
	010 - 82501766（邮购部）		010 - 62514148（门市部）	
	010 - 62515195（发行公司）		010 - 62515275（盗版举报）	
网　　址	http://www.crup.com.cn			
	http://www.ttrnet.com（人大教研网）			
经　　销	新华书店			
印　　刷	北京昌联印刷有限公司			
规　　格	170 mm×240 mm　16 开本		**版　　次**	2017 年 12 月第 1 版
印　　张	13 插页 9		**印　　次**	2021 年 10 月第 2 次印刷
字　　数	173 000		**定　　价**	45.00 元